PAUL HANNA

Venda mais!

VOCÊ PODE!

EDITORA
FUNDAMENTO
EDUCACIONAL

Novembro de 2010, Editora Fundamento Educacional Ltda.

Editor e edição de texto: Editora Fundamento
Capa e editoração eletrônica: Commcepta Design
CTP e impressão: SVP – Gráfica Pallotti
Tradução: Luciana T. Gomes

Produzido originalmente por Penguin Books

Dados Internacionais de Catalogação na Publicação (CIP)
(Câmara Brasileira do Livro, SP, Brasil)

Hanna, Paul
Venda mais! Você pode! / Paul Hanna; [versão brasileira da editora] – São Paulo, SP: Editora Fundamento Educacional, 2010.

Título original: You can sell it!

1. Motivação 2. Realização Pessoal 3. Sucesso I. Título.

09-05364 CDD-658.85

Índice para catálogo sistemático
1. Motivação: Realização Pessoal: Sucesso 158.1

Fundação Biblioteca Nacional

Depósito legal na Biblioteca Nacional, conforme Decreto n. 1.825, de dezembro de 1907.

Impresso no Brasil

Telefone: (41) 3015 9700
E-mail: info@editorafundamento.com.br
Site: www.editorafundamento.com.br

Este livro foi impresso em papel chamois bulk 80 g/m² e a capa em cartão supremo alta alvura 250 g/m².

VENDA MAIS!
VOCÊ PODE!

Paul Hanna, um dos principais palestrantes motivacionais da Austrália, é a prova viva de que todos nós podemos alcançar nossos sonhos se os perseguirmos com tenacidade e perseverança.

Paul tinha apenas 14 anos quando seu pai faleceu. Deixou a escola aos 16, após ter sido reprovado em Inglês. E hoje tem, em sua lista de clientes, a elite corporativa da Austrália. A lista é grande: mais de 10 mil funcionários do McDonald's da Austrália e da Nova Zelândia participaram de seu programa. Target, Vodafone, Ford, Telstra, Toyota e Westpac são só algumas das principais companhias que continuam a usar os serviços desse dinâmico palestrante.

Este é o quinto livro de Paul.

www.paulhanna.com

ELE CERTAMENTE PODE VENDER – É O QUE DIZEM OS CLIENTES DE PAUL HANNA

Paul Hanna começou a trabalhar conosco na Myer Grace Bros quando realmente precisávamos de mudança e energização. Queríamos que a equipe se apaixonasse pelo serviço prestado aos clientes e que tivesse confiança de que seria bem-sucedida, conseguindo atingir nossas metas. A vitalidade e a habilidade de Paul para conectar-se aos nossos funcionários em nível pessoal posicionaram-no como o homem perfeito para o trabalho. Devemos muito a Paul Hanna. Ele foi capaz de colocar em nosso trabalho uma marca que o torna diferente de tudo o que foi feito anteriormente. Ele inspirou muitos dos nossos empregados a embarcar nessa jornada e a empreendê-la conosco.

MICHELE HAMDORF – Gerente geral de operações da Myer Grace Bros

Paul Hanna tem o jeito certo de achar o foco perfeito para cada assunto. Como palestrante motivacional, possui clareza de estilo mesclada ao humor e a um simples bom senso. Ele aplica esse equilíbrio em seu novo livro sobre a arte de vender – uma leitura obrigatória para todos os envolvidos em vendas.

KEN BOAG – Executivo-chefe de operações da Tower Holdings Pty Ltd, Austrália

Paul Hanna é uma inspiração. Seu estilo de escrever e falar é claro e estabelece uma conexão real com o público, que é o principal recurso de qualquer organização – seu pessoal. Em nossa organização na Nova Zelândia, Paul transmitiu sua mensagem inspiradora a inúmeros funcionários, tanto pessoalmente quanto por meio de seus livros. As mensagens foram consideradas muito proveitosas, quer pelo pessoal da linha de frente, que interage com os clientes, quer pelo pessoal administrativo. Obrigado, Paul!

GRAHAME MAHER – CEO da Vodafone

Mais de 10 mil empregados do McDonald's, incluindo funcionários, gerentes e equipe corporativa, saíram dos seminários de Paul Hanna com uma abordagem mais confiante para suas vidas profissional e pessoal. O trabalho mais recente de Paul é uma leitura essencial para todos aqueles que desejam alcançar seu verdadeiro potencial. É impossível ler este livro sem aproveitar o enorme conhecimento do mestre da motivação.

GUY RUSSO – Diretor administrativo e CEO do McDonald's Austrália

Nos dias de hoje, as ideias novas são cada vez mais raras. A adequada execução dos planos estratégicos da empresa é a verdadeira chave para o sucesso. A recente apresentação de Paul para os funcionários da Target ajudou a reforçar esta mensagem: Execução é tudo.

LARRY DAVIS – Diretor administrativo da Target Australia Pty Ltd

Pessoalmente, achei inspiradora a abordagem de Paul Hanna sobre a vida e os negócios. Nossos gerentes e franqueados que tiveram a oportunidade de partilhá-la com Paul saíram totalmente renovados e revigorados. Estou entusiasmado com o mais recente livro de Paul, porque as vendas são a força vital da nossa empresa. Eu me certificarei de que, assim como eu, todo o nosso pessoal-chave tenha um exemplar.

ALAN DUNN – Diretor administrativo e CEO do McDonald's Nova Zelândia

Paul Hanna tem um modo único e inacreditável de conseguir que as pessoas alcancem novos patamares e atinjam o que jamais julgaram possível. Passados muitos meses, nosso pessoal ainda comenta sua apresentação, o que demonstra o impacto que ela produziu.

JONATHAN PINSHAW – CEO, OPSM Group Limited

Os seminários e as consultorias individuais de Paul Hanna para a Mortgage Choice ajudaram as empresas dos franqueados a crescer, enfocando as indicações dos clientes existentes e liberando a mina de ouro que se escondia nos bancos de dados de clientes. Paul chega ao cerne de como atingir metas. Suas estratégias práticas, focadas no cliente, abrem caminho para um novo nível de desempenho em vendas.

CHRIS CANTY – Gerente geral, Mortgage Choice

SUMÁRIO

PARTE 5 – SOMOS TODOS DIFERENTES

PARTE 6 – O PODER DA IMAGEM

PARTE 7 – VENDENDO MAIS PARA CHEGAR AO SUCESSO

PARTE 8 – LIDANDO COM A REJEIÇÃO

PARTE 9 – QUEDA NAS VENDAS

Introdução

Parabéns! Você está prestes a elevar o seu desempenho em vendas a outro patamar.

Como posso ter tanta certeza? É simples. As técnicas relatadas neste livro são usadas, todos os dias, por profissionais bem-sucedidos do mundo inteiro. São pessoas que não só atingem, como também ultrapassam, suas metas mensais de vendas.

O que espero conseguir é transmitir uma perspectiva australiana. Embora os australianos possam gostar dos filmes americanos e dos seriados de televisão (às vezes!), não somos apreciadores do estilo um tanto agressivo das técnicas de vendas presentes em toda parte nos Estados Unidos. Os australianos não são tão ousados quando se trata de comprar e, acima de tudo, não gostam das táticas extravagantes e exageradas que alguns vendedores empregam. Normalmente, os profissionais que adotam esse estilo foram treinados por instrutores de vendas norte-americanos.

Não tenho nada contra eles. Mas é que os australianos são diferentes. Nós assistimos ao jornal da noite às 18 horas, os americanos, às 21. Dirigimos no lado esquerdo da estrada, eles, à direita. Os motoristas australianos sentam no lado direito do carro, os americanos, no esquerdo. Apesar de tudo, queremos todos chegar ao mesmo destino, mas, aqui na Austrália, gostamos de fazer as coisas de maneira diferente.

SER OU NÃO SER AGRESSIVO? EIS A QUESTÃO

Uma coisa que verdadeiramente diferencia os australianos dos povos de outras culturas é o modo como encaram os vendedores agressivos. Na Ásia e na América, a maioria das pessoas pensa que um vendedor é verdadeiramente "quente" quando procura fazer uma venda com uma atitude mais agressiva.

Quando trabalhei com turismo, uma das tarefas mais difíceis era acompanhar agentes australianos em viagens de familiarização no exterior, ou *famtour*, no jargão do setor. O objetivo era permitir que os agentes de viagem conhecessem, antes dos clientes, os hotéis, paisagens e sons de um determinado lugar. Como parte do itinerário, eu sempre incluía o *city tour* que os clientes fariam, caso escolhessem aquele destino, em um dos nossos Qantas Holidays. Sempre me impressionei ao ver como os agentes de viagem ficavam intimidados ao serem abordados por vendedores. Não importa onde estivéssemos – Hong Kong, Roma, São Francisco ou Bali –, os australianos realmente não gostam de ser pressionados.

NO "DEVAGAR E SEMPRE", É POSSÍVEL GANHAR OS AUSTRALIANOS

Descobri que os japoneses são os que melhor vendem para os australianos. A despeito da barreira da língua, eles parecem dispostos a passar um pouco mais de tempo com os visitantes australianos. Por essa razão, todos os grupos que acompanhei ao Japão sempre gastavam bastante dinheiro.

Existe aqui uma importante lição que pode realmente converter--se em dinheiro e vendas: se você puder fazer como os japoneses – apresentar um produto ou serviço de altíssimo padrão e ser cortês e paciente durante a demonstração – estará valorizando a sua mercadoria, o que lhe permitirá cobrar ligeiramente acima do preço dos concorrentes. Assim, com certeza, o sucesso de vendas será seu.

COLOQUE A SUA PERSONALIDADE NO NEGÓCIO

Posso falar por experiência própria. Quando, há doze anos, disse aos meus amigos e familiares que seria um palestrante motivacional, eles apenas riram. Pensaram que eu não estivesse bem da cabeça. "Quem vai empregar um sujeito baixo, atarracado e suburbano, com 20 e poucos anos, para motivar sua equipe?!", disse um deles cético. "Os americanos dominam essa área, amigo, e você não tem a mínima chance de sobreviver."

"Eu lhe dou dois anos", disse outro. Bem, a razão pela qual ainda estou aqui, mais de uma década depois, é que transformei o que inicialmente parecia ser negativo na minha maior qualidade em vendas.

Quando comecei a atuar como palestrante profissional, observei outros australianos aspirantes à mesma carreira acorrerem aos Estados Unidos, como se lá estivesse a fonte de toda a sabedoria. Para muitos deles, era a meca dos palestrantes. Todo ano, gastavam dezenas de milhares de dólares viajando para lugares longínquos, como Atlanta, para ouvir palestrantes americanos dizerem como haviam "chegado lá". Poderiam ter empregado o dinheiro para entreter os clientes habituais e conseguir indicações deles, mas, em vez disso, desperdiçavam semanas seguidas viajando em torno do mundo, em busca de respostas mágicas – que estavam bem diante deles, o tempo todo.

Neste livro, desejo partilhar ferramentas e técnicas para que você possa passar do fracasso ao sucesso literalmente, da noite para o dia. Vendas são assim. Tudo o que você tem a fazer é pegar uma grande ideia e implementá-la – e pronto! Você conseguiu.

A LIBERDADE DE GANHAR O QUANTO QUISER

Não existem tantas profissões que proporcionem ganhos ilimitados, mas a de vendedor é uma delas. Se você conseguir criar uma estratégia, o céu é o limite. Normalmente, as únicas restrições são aquelas que o indivíduo impõe a si mesmo. Tendo em vista o significado de "venda" – ou seja, que existe um produto ou serviço a ser vendido –, só o que se coloca entre o ponto onde você está e aonde quer chegar é o seu sistema de crenças. Se você se convencer realmente de que pode alcançar uma determinada meta e trabalhar ativamente para isso, alcançá-la será apenas questão de tempo.

Você não começou a ler este livro por estar satisfeito com sua carreira no momento. Você o escolheu porque acreditou na possibilidade de aprender uma nova técnica, ou usar uma nova ferramenta, que o ajude a melhorar o seu desempenho em vendas. Isso não significa que não esteja indo bem. Na realidade, aqueles que se saem bem em vendas são os primeiros a me indicar um novo livro sobre o assunto. Esses indivíduos bem-sucedidos são tão determinados que possuem cadastro em livrarias da internet que os alertam, via e-mail, quando um novo livro chega às prateleiras.

O VENDEDOR NATO NÃO EXISTE

Você pode imaginar um método andando pelos corredores da maternidade, proclamando: "Este bebê será um ótimo professor" ou "Este bebê dará um brilhante advogado?" Ainda que isso acontecesse, jamais acreditaria, porque sabe que a vida fará de cada bebê um indivíduo único e que nenhuma previsão será confiável, não importa de quem venha.

Você nunca pensará que um piloto de um 747 ou um vendedor de primeira linha "aprenderam sozinhos" suas habilidades. O motivo por que essas pessoas alcançaram o status de "comandante de 747" ou de "campeão de vendas" foi a tenacidade e perseverança com que se dedicaram a aprender tudo o que podiam a respeito da carreira que escolheram. E nunca, jamais, desistiram.

UMA OBSESSÃO PELO SUCESSO

Afinal, tudo sempre volta ao mesmo ponto: o quanto você deseja realizar os seus sonhos e metas? Não importa quantas ideias ou sugestões receba deste ou de qualquer outro livro ou fita de auto-ajuda, a realidade é que só você pode decidir quanto sucesso almeja alcançar.

Na maior parte das vezes, família e amigos oferecem apoio, mas nem mesmo eles são capazes de entender realmente o que leva um vendedor a vencer. Só você sabe. Só você pode inspirar-se para alcançar novas metas. Só você pode derrubar as barreiras que surgem no seu caminho para pôr à prova o seu desejo de sucesso.

Tudo se resume em uma palavra: PERSEVERANÇA. Perseverar é nunca abrir mão dos seus sonhos, não importa quantos sejam os fracassos. É não desistir, ainda que todos aconselhem o contrário. Acima de tudo, porém, o sucesso será seu quando se convencer de que você pode vender!

Parte 1

OPOSIÇÕES

1. MAIS INFORMAÇÕES SÃO NECESSÁRIAS
2. PERGUNTAS REMOVEM OBSTÁCULOS
3. PERGUNTAS SÃO FUNDAMENTAIS
4. O CLIENTE SEMPRE TEM RAZÃO
5. REDUZIR O VALOR A PARCELAS ÍNFIMAS

Capítulo 1

MAIS INFORMAÇÕES SÃO NECESSÁRIAS

> O SUCESSO NA SUPERAÇÃO DOS OBSTÁCULOS É O QUE FAZ A DIFERENÇA ENTRE UM "VENDEDOR RAZOAVELMENTE BOM" E UM "CAMPEÃO DE VENDAS".
>
> **Paul Hanna**

NESTE CAPÍTULO

- Qual a diferença entre um jogador de futebol que passa a bola ao adversário e sai da frente, para que ele marque o gol, e você, que atende ao cliente e não consegue convencê-lo a comprar o seu produto?

Ambos estão trabalhando para o concorrente.

Você já viu alguma vez na TV, em uma disputa num tribunal, o momento em que o advogado chega ao ponto máximo de sua argumentação ao questionar uma testemunha? A intenção principal do advogado é conseguir o resultado final, descobrindo os "obstáculos". Por obstáculo, eu entendo qualquer coisa que se interponha no caminho do resultado final desejado, que, neste caso, é convencer o júri da inocência de seu cliente. A posição da testemunha - de defesa ou de acusação - determina como o advogado irá inquiri-la. Se for uma testemunha "amigável", que pode ajudar no caso, o advogado a direcionará para que dê respostas favoráveis a ele. Se a testemunha for "hostil", ele fará perguntas tentando encontrar "furos" no depoimento. Para evitar surpresas, os advogados investigam a fundo, procurando qualquer "objeção" ou "obstáculo", por menor que seja, capaz de influenciar o júri na decisão de comprar ou não comprar - neste caso, a decisão entre a liberdade ou a cadeia.

Pensando assim, advogados realmente são vendedores. Eles têm um produto - a inocência do cliente - e precisam vendê-lo aos jurados da maneira mais convincente possível. Caso esteja vendendo roupas, carros, serviços financeiros ou equipamento de escritório, você deve abordar cada transação da mesma maneira, isto é, sabendo que todo cliente desejará ter suas dúvidas esclarecidas antes de tomar uma decisão. Exatamente como acontece com os jurados em audiência no tribunal, cada dúvida tem de ser examinada cuidadosamente, porque pode ser a chave para a decisão do cliente em comprar ou não comprar - liberdade ou cadeia.

OBJEÇÕES INDICAM QUE AS INFORMAÇÕES NÃO FORAM SUFICIENTES

Se existisse um mantra no mundo das vendas teria de ser este, que resume tudo: "Uma objeção é um pedido de mais informações." Quando fazem uma objeção ou exprimem um receio, os clientes estão sinalizando que querem o seu produto, mas precisam superar alguns pontos cruciais antes de prosseguirem. Objeções são formas usadas pelos clientes para remover quaisquer dúvidas sobre a aquisição do produto ou serviço.

Por exemplo, uma das muitas objeções que ouço durante o processo de venda dos meus serviços a grandes empresas é a seguinte: "Paul, não dispomos de um local de treinamento como os do McDonald's, Westpac e Toyota. Onde aconteceriam os seus seminários?"

Estando no ramo há mais de uma década, já ouvi essa objeção muitas e muitas vezes. Como você, ouço as mesmas velhas objeções a cada vez – mas sei que, para ser um sucesso, preciso estar seguro de que todas as objeções específicas e todos os receios do cliente sejam conduzidos com cuidado e respeito. Minha resposta é: "Entendo perfeitamente, Bob. Na verdade, meus seminários normalmente ocorrem fora, longe do escritório, porque cada empresa deseja fazer com que a experiência seja muito especial. Mesmo clientes como Toyota e McDonald's preferiram locais de qualidade, como um hotel ou cinema, para provocar maior impacto. Já pensou em fazer o seminário em uma sala de cinema, Bob? É um espaço que pode abrigar facilmente 500 pessoas e dá uma sensação agradável. As pessoas associam cinema a divertimento, não a aprendizado aborrecido. Assim, fazendo o seminário lá, pode-se realmente criar um bom começo."

ATÉ OITO OBJEÇÕES ANTES DE CONSEGUIR O PRIMEIRO "SIM"

Realmente, nunca havia contado o número de objeções que recebi em reuniões com clientes, até ouvir: "Você ouvirá até oito objeções antes do primeiro 'sim'." Não afirmo que cada transação de vendas leve exatamente oito objeções para se chegar ao primeiro "sim", mas o número é razoavelmente aproximado. É também um sinal alarmante de quão rapidamente muitas pessoas desistem, quando tentam vender seu produto ou serviço. Os oito empecilhos ou receios podem ser apenas pequenos itens discutidos ao longo do caminho, mas não deixam de ser objeções, e é preciso preparar-se para lidar com elas, caso você pretenda atingir o seu pleno potencial como profissional de vendas.

POR QUE VOCÊ ESTÁ TRABALHANDO PARA O CONCORRENTE?

Pode imaginar o que aconteceria se, em uma partida de futebol, um jogador passasse a bola para um dos adversários e dissesse: "Aí está, vá e marque contra nós?" Além de receber todos os xingamentos dos colegas de time, o jogador insubordinado teria de suportar tremenda vaia da torcida que pensaria: "Esse sujeito é um traidor e deveria ser enforcado!"

Posso ter exagerado um pouco com essa analogia, mas não é muito diferente do que acontece quando você visita um cliente, apresenta o seu produto ou serviço, supera algumas objeções, mas não fecha o negócio. Você está trabalhando para o concorrente. Qual a diferença entre o jogador que passa a bola ao adversário e sai da frente, para que ele marque o gol, e você, que atende ao cliente e não consegue convencê-lo a comprar o seu produto? Você forneceu todos os detalhes sobre o seu produto ou serviço, mas, como não logrou superar todas as objeções, saiu do caminho e permitiu que o cliente fosse embora e "marcasse o gol" na loja do concorrente.

Toda vez que fornece informações a um cliente sobre o seu produto ou serviço, você o está armando com o que ele precisa para fechar um negócio. Se ele vai negociar com você ou com os seus concorrentes, isso será decidido por sua habilidade em contornar as objeções. É cruel, eu sei, mas realmente é simples assim.

Capítulo 2

PERGUNTAS REMOVEM OBSTÁCULOS

> Nós temos dois ouvidos e apenas uma língua, para que possamos ouvir mais e falar menos.
>
> **Diógenes**

NESTE CAPÍTULO

- Todos queremos ser respeitados, não importa qual seja a nossa origem. Os grandes vendedores sabem disso e agem de acordo.

Uma das minhas primeiras sugestões para aperfeiçoar as suas habilidades em superar objeções é: encene suas apresentações de vendas com um membro da família ou com um dos seus melhores amigos – alguém que se sinta absolutamente à vontade para lhe oferecer comentários honestos e francos. Peça-lhe que faça anotações sobre a sua apresentação, com especial atenção às "afirmações". Depois, troquem ideias e vejam como será possível transformar essas afirmações em perguntas.

O propósito desse exercício é acrescentar perguntas à sua apresentação, de um jeito que pareça natural, o que ajudará você a descobrir quaisquer objeções, receios ou "obstáculos" que o cliente possa levantar. Claro que você também fará muitas declarações importantes durante a sua apresentação. O grande benefício do exercício é dispor de um ouvinte objetivo.

COM QUE COMPANHIA FINANCEIRA VOCÊ NÃO QUER FAZER NEGÓCIO?

Lloyd, um dos meus clientes de consultoria, trabalha no ramo de empréstimos para compra de imóveis. Como corretor, tem acesso a fundos de mais de 20 bancos e a construtoras por toda a Austrália. Seu trabalho é juntar o cliente à companhia financeira mais adequada. Ele apresenta a cada cliente uma lista de três financeiras, para que seja feita a escolha.

Uma das primeiras perguntas que faz aos clientes é: "Existe alguma financeira com a qual você prefira *não* fazer negócio?"

Bingo! Logo de saída, Lloyd elimina as rejeitadas, chegando à lista tríplice. Assim, não corre o risco de sugerir uma financeira que considera excelente e ouvir o cliente dizer que teve um desentendimento com tal empresa cinco anos atrás.

Aprendi muito com o exemplo de Lloyd. Só para ilustrar, durante as minhas conversas iniciais com clientes, frequentemente sugiro locais onde realizar os seminários. Uma das primeiras perguntas que faço é: "Existe algum local favorito que, em termos de organização, tenha funcionado bem para os seus padrões?"

Caso o cliente me olhe vagamente e diga "não", prossigo com outra pergunta, por exemplo: "O que acha de realizar o seminário no Crown Towers ou no Park Hyatt, em Melbourne?" Quando perguntam por que, especificamente, nesses hotéis, digo: "Venho usando esses hotéis sistematicamente há anos e sei que, não somente correspondem às suas expectativas, mas as ultrapassam."

Habitualmente, recebo este tipo de resposta: "Bom, Paul, se você pensa que esses são os melhores hotéis em Melbourne, vamos então tentar e saber se estão disponíveis."

Nenhum cliente jamais me disse: "Ah, não, nossa conferência acontece somente uma vez por ano, então preferimos um hotel menor, ainda que não seja grande coisa." Os clientes ouvem as minhas sugestões porque sabem que é assim que ganho a vida, todos os dias, e já testemunhei ótimas histórias de serviços. Eles sabem que vi alguns eventos desastrosos, também, que custaram à organização centenas de milhares de dólares, quando sua convenção foi prejudicada por um serviço ineficiente.

ENTRANDO EM UM SHOWROOM

Há um setor que sofreu implacavelmente nas mãos da mídia: o da indústria automobilística. Embora eu seja o primeiro a concordar que nele ainda existem alguns tubarões (aprendi isso comprando carros!), o setor foi saneado faz tempo.

Quais são as crenças antigas que você mantém a respeito de revendedoras e vendedores de carros? Tem alguma ideia dos pesados desafios que essas pessoas encaram para vender? Por causa desses desafios, são geralmente brilhantes em seu trabalho e especialmente fantásticos na superação de objeções. Reconhecem um cliente nervoso assim que o veem. Também sabem que as pessoas carregam um monte de "bagagem" quando procuram um carro.

Lembre-se da última vez em que comprou um carro (ou qualquer outro bem dessa relevância). Quando o vendedor se aproximou, aposto que um dos seus primeiros comentários foi: "Agradeço, mas estou só olhando." Todo vendedor sabe que não existe no mundo a hipótese de, em uma linda manhã de sábado, você trocar o seu capuccino com croissant por um passeio de lazer em um showroom de veículos. Ele sabe que você está lá porque pensa em comprar um carro e que a sua resposta é um reflexo do seu pensamento: "Você não vai me enrolar, rapaz. Vou decidir que carro (ou micro-ondas, ou telefone celular) quero e então *eu* direi a *você*!"

O lado ruim da coisa é que, em dois minutos, você sentirá que precisa de assistência para analisar todas as escolhas possíveis e fazer o melhor negócio. Os bons vendedores sabem disso e imediatamente se afastam ao ouvir você dizer que só está olhando. Mas eles ficam por perto, para o caso de você precisar de ajuda ou ter alguma pergunta a fazer. Em outras palavras, eles lhe dão uma saída e permitem que você se sinta à vontade. Você se lembra da última vez em que *gostou* de se sentir envergonhado ou de passar por idiota? Todos queremos ser respeitados, não importa qual seja a nossa origem. Os grandes vendedores sabem disso e agem de acordo.

Capítulo 3

PERGUNTAS SÃO FUNDAMENTAIS

> Caia sete vezes e levante-se oito.
>
> **Provérbio japonês**

NESTE CAPÍTULO

- Quando você fala, é discutível. Quando eles falam, é verdade.

Com tanto vigarista no mercado atualmente, não é de admirar que todo mundo fique com um pé atrás na hora de fazer uma compra. A única ferramenta de que dispõe o profissional de vendas para fazer o cliente superar a desconfiança, relaxar e finalmente comprar é o envolvimento – e a melhor maneira de criar envolvimento é fazendo perguntas.

PERGUNTAS CRIAM ENVOLVIMENTO

Vamos ver como as perguntas podem afetar todo o resultado de uma reunião e, por fim, levar a uma venda. Maria está em uma reunião com Fred, um comprador sênior de um grande varejista australiano. Ela sabe que a qualidade é o ponto crucial na negociação e deseja enfocar isso, em uma tentativa de efetuar uma venda rápida. Maria tem duas opções. Pode fazer uma declaração, como: "Fred, você mencionou ao telefone que a qualidade é um fator importante para a sua organização. Bem, o nosso produto é o de melhor qualidade no mercado. Nenhum concorrente nos supera." Ou pode fazer perguntas:

MARIA:	Fred, no decorrer de nossa conversa telefônica ontem, você mencionou que a qualidade é o requisito número um que você procura . Entendi bem?
FRED:	Sim, é verdade.
MARIA:	Bem, Fred, estive revendo os pedidos dos últimos dois anos e notei que, após mais de 20 mil entregas do nosso produto, não tivemos devoluções. Seria esse o tipo de qualidade que você está buscando?
FRED:	Exatamente.
MARIA:	Se eu puder garantir um nível de qualidade 20% melhor do que o que você tem recebido nos últimos dois anos, essa porcentagem a mais corresponderia às expectativas da sua empresa?
FRED:	Com certeza!

Maria então começa a apresentação, continuando a fazer o maior número possível de perguntas.

Nesse exemplo, pode-se ver como as perguntas de Maria criaram um envolvimento e fizeram com que Fred se ligasse emocionalmente ao produto. Partilhando com ele a história da empresa que representava, Maria enfatizou a ideia de que se tratava de uma organização excelente – ela não disse isso claramente, deixou que Fred dissesse. Se Maria tivesse exaltado a excelência de sua empresa, poderia ter provocado um efeito contrário.

Muito provavelmente, Fred tentaria achar falhas, como erros de documentação ou coisa parecida, nem que fosse apenas para derrubar a pretensão de Maria.

QUANDO VOCÊ FALA, É DISCUTÍVEL QUANDO ELES FALAM, É VERDADE

Você pode conquistar o envolvimento do cliente apenas fazendo perguntas. Assim, conseguirá que ele veja o produto sob uma ótica positiva, o que se traduzirá em vendas.

A maior dificuldade que encontrei, no início da carreira, foi a de transmitir minhas informações diante da equipe de um cliente prospectivo, embora *soubesse* que seriam apreciadas. Em entrevistas individuais com os clientes, fazia declarações interessantes, como: "Prometo que verá um enorme aumento da produtividade depois que a sua equipe administrativa assistir ao meu seminário", mas não os convencia.

Então, tive a ideia de sugerir aos clientes potenciais que reunissem de 50 a 100 funcionários para me ouvirem durante duas horas, em uma espécie de seminário piloto. Depois disso, seria feita uma avaliação oral ou escrita. Se os participantes gostassem do seminário, eles seriam os primeiros a recomendar os meus serviços ao patrão.

A estratégia funcionou perfeitamente. Agora, tento conduzir um seminário piloto sempre que quero conquistar um novo cliente. Não estou dizendo que absolutamente todo mundo sai encantado dos meus seminários, mas sei, por experiência própria, que consigo a aprovação de pelo menos 90% dos participantes. Quando eles dizem à direção que os negócios melhorarão muito se todos na empresa me ouvirem, obviamente reforçam a minha posição.

A razão principal do sucesso dessa técnica é o fato de toda organização se considerar diferente, com pessoal de características próprias. Se eu disser a um diretor administrativo "a Toyota realmente apreciou esse aspecto" ou "o McDonald's gostou muito desse ponto", ele provavelmente responderá: "Mas *nós* somos diferentes." No entanto, se apresento o meu seminário piloto e depois pergunto ao diretor administrativo sobre os resultados, é outra história. Em geral, apenas permaneço sentado e calado (tomando notas!) e deixo que eles vendam sua empresa para mim.

Quando 90 entre 100 funcionários dizem o quanto aproveitaram o seminário e como gostariam de levar no próximo o marido, a mulher ou o sócio, isso é espetacular. Os gerentes administrativos sabem que a maior parte dos funcionários resiste bravamente a sessões de treinamento, por considerá-las entediantes. Então, quando ouvem comentários, como: "Por que o *nosso* departamento não foi ao seminário do Paul Hanna?", percebem que estão diante de um sucesso.

Crie envolvimento, e o cliente moverá céus e terras para colocar a empresa em suas mãos.

Capítulo 4

O CLIENTE SEMPRE TEM RAZÃO

> SÓ EXISTE UM PATRÃO – O CLIENTE. ELE PODE DESPEDIR TODO MUNDO NA EMPRESA, A COMEÇAR PELO PRESIDENTE. PARA ISSO, BASTA IR GASTAR SEU DINHEIRO EM OUTRO LUGAR.
>
> **Sam Walton, Walmart**

NESTE CAPÍTULO

- Se os clientes se impacientam e fazem comentários sarcásticos, é apenas porque estão fora de sua "zona de conforto" e precisam ser colocados à vontade.

Pode parecer ridículo dizer isso assim, com todas as letras, mas você nunca, jamais deve discutir com um cliente, mesmo que saiba estar com a razão. Geralmente, as pessoas ficam nervosas e agitadas quando você tenta vender-lhes alguma coisa. Caso se impacientem e façam comentários sarcásticos, é apenas porque estão fora de sua "zona de conforto" e precisam ser colocadas à vontade.

Norma, uma das principais vendedoras de uma empresa de produtos elétricos, falou-me que sabia que grande parte de seu sucesso se devia à sua capacidade de deixar as pessoas relaxadas e confortáveis. "Observo alguns colegas correrem para atender o cliente assim que ele entra na loja. A resposta mais comum é 'Obrigado, estou só olhando', o que aborrece o vendedor e faz com que saia à procura de outro comprador. Eu sempre me coloco perto dos clientes e ouço o que estão falando. Não fico colada neles, mas me aproximo o suficiente para ouvir a conversa. O que realmente funciona é dizer 'estou aqui, caso precisem de mim'. Tão logo percebem que estou por perto, mas fazendo outras coisas, infalivelmente se aproximam e fazem perguntas. É quando nos entendemos."

Repare no contraste entre esse comportamento e o do outro vendedor que abandonou o cliente após a primeira objeção.

DEIXE ESPAÇO PARA AS PERGUNTAS

Eu sempre ficava meio perdido no pátio das revendedoras de automóveis, até que um vendedor me ajudasse a encontrar o carro "perfeito", fazendo perguntas muito específicas, de modo a saber o que eu procurava e poder levar adiante o processo de venda. Quando eu achava o carro que queria comprar, bastavam mais algumas perguntas e concluíamos o negócio.

Imagine o que aconteceria se você estivesse olhando um carro vermelho em um showroom e um vendedor dissesse: "Leve o vermelho. Vermelho é a sua cor!" Você provavelmente iria embora para nunca mais voltar! O profissional teria tentado efetuar a venda sem identificar as suas objeções – neste caso, sem descobrir que a última coisa que você queria era justamente um carro vermelho.

Em vez de forçar a compra de um carro que talvez não fosse o da sua escolha, o bom vendedor esperaria que você olhasse e então perguntaria quais eram as suas dúvidas. Depois que você dissesse que não gosta de vermelho, a próxima e mais óbvia pergunta do vendedor seria: "Tem alguma cor de preferência?"

Caso você respondesse "acho que prefiro azul", ele poderia propor: "Nós temos quatro tons de azul. Gostaria de azul-claro ou de azul-escuro?"

Ao agir assim, o vendedor iria descobrindo as preferências do cliente. Após outras perguntas relativas a orçamento, cor interna, potência do motor, etc., ele conseguiria fechar o negócio.

DEIXE QUE RESPONDAM ÀS PRÓPRIAS OBJEÇÕES

Hillary, que fez nome vendendo empréstimos para compra da casa própria, decidiu há tempo que queria dedicar-se a compradores do primeiro imóvel. Eis o que ela disse: "Embora a venda de propriedades maiores me dê mais dinheiro, nada me entusiasma e emociona mais do que atender recém-casados ou alguém que esteja realmente lutando para conseguir seu primeiro imóvel."

E passou a descrever sua experiência em lidar com objeções. "A objeção mais difícil de superar era a administração dos gastos extraordinários associados à compra de uma casa, tais como construir uma garagem ou planejar o jardim. Era um campo minado, onde eu precisava entrar com muito cuidado, até que descobri que cada cliente sabia de antemão o que desejava. A questão já havia sido amplamente discutida antes que eu sequer entrasse em cena e geralmente era um assunto muito delicado. A última coisa que eu queria era tomar partido, porque isso poderia levar a problemas futuros e até mesmo à perda da venda. Assim, em lugar de presumir que os clientes queriam gastar mais dinheiro no jardim e, possivelmente, provocar uma discussão, eu fazia uma pergunta objetiva: 'Então, vocês conversaram sobre o jardim?' O que tivesse sido discutido viria à luz, e eu saberia que posição tomar. Um dos dois, o marido ou a mulher, diria: 'Sim, decidimos ajeitar tudo agora, senão, nunca faremos isso.' Ou diriam que haviam decidido não fazer."

Hillary poderia ter enfatizado as vantagens de cuidar do jardim e como ele torna "um lar completo". Em vez disso, compreendeu ser aquela uma questão que envolvia um aspecto emocional e deixou que os clientes tomassem a decisão. Assim, removeu uma das objeções finais para a compra da nova casa. E como Hillary removeu essa objeção final? Fazendo uma pergunta!

Marcel, que vende computadores, falou-me que enfrentou um desafio parecido quando começou a incluir impressoras em seus negócios. Ele disse que, se o custo da impressora fosse um problema, simplesmente repetiria essa objeção para o cliente, fazendo em seguida uma série de perguntas que o levassem a resolver a questão. Repetiria, por exemplo, que o custo da impressora elevaria o preço da compra em mais de 150 dólares. No entanto, após Marcel repetir a objeção, o cliente sempre dizia: "Bem, creio que não é tanto assim. Sai mais barato do que mandar imprimir na gráfica." Isso permitiria então que Marcel usasse um dos mais poderosos "destruidores de objeções" que existe – mas isso é assunto para o próximo capítulo.

Capítulo 5

REDUZIR O VALOR A PARCELAS ÍNFIMAS

SÓ EXISTE UM MEIO SOB OS CÉUS DE CONSEGUIR QUE O INDIVÍDUO FAÇA ALGUMA COISA: LEVÁ-LO A QUERER FAZER.

Dale Carnegiet

NESTE CAPÍTULO

- Reduzindo o custo a pequenas parcelas, você pode levar o cliente a ver que o investimento não é tão arriscado.

Se há uma ferramenta que tenha auxiliado um bom vendedor a ir além do seu potencial, ela é a técnica de "reduzir o valor a parcelas ínfimas". Reduzindo o custo a pequenas parcelas, você pode levar o cliente a ver que o investimento não é tão arriscado.

O MELHOR NÃO CUSTA TÃO MAIS CARO

Danielle trabalha para uma das principais agências de viagens na Austrália. Constantemente, seus clientes (na maioria, empresários) perguntam-lhe se há realmente uma diferença entre a classe executiva e a classe econômica. Danielle disse: "Se eu me ativesse somente ao preço, jamais conseguiria que alguém comprasse uma passagem na classe executiva." Então, ela usa a técnica de "reduzir o valor a parcelas ínfimas". Em vez de dizer "Isso lhe custará cerca de 900 dólares a mais", divide o custo de maneira que o cliente perceba o valor do que está recebendo. E assinala as vantagens, como:

- check-in sem filas
- salas nos aeroportos, com chuveiros e instalações para trabalhar enquanto não chega a hora do voo
- mais espaço livre entre as cadeiras que na classe econômica, o que permite esticar as pernas, estando em forma para enfrentar os negócios ao chegar e diminuindo também as chances de desenvolver trombose venosa
- comida melhor, com mais opções
- serviço de bordo mais eficiente, porque a equipe tem menos passageiros a atender
- escolha de filmes na própria tela, de forma que o passageiro possa vê-los quando quiser
- assentos maiores, que se reclinam e se transformam em verdadeiros leitos, possibilitando dormir confortavelmente para chegar ao destino com mais disposição

Depois de enumerar todos os benefícios, Danielle "reduz o valor a parcelas ínfimas". Se o cliente voará um total de 18 horas na viagem de volta e o upgrade custa 900 dólares, ela divide 900 dólares por 18 horas. O cliente vê que o *upgrade* custará apenas mais 50 dólares por hora e lhe trará muitas vantagens – incluindo o melhor champanhe francês!

"CUSTO POR USO – 81 CENTAVOS POR DIA" PARECE MELHOR DO QUE "295 DÓLARES"

Michele Hamdorf, a dinâmica gerente geral de operações da Myer Grace Bros, contou como usa esse recurso. Quando mencionei a técnica de "reduzir o valor a parcelas ínfimas" no meu seminário, ela me disse que é uma de suas favoritas e que sempre dá um jeito de os clientes comprarem belas roupas, sem se sentirem culpados.

Segundo ela, um dos produtos mais difíceis de vender são os sobretudos femininos. Em razão do alto custo, as pessoas hesitam em comprar, ainda que se apaixonem por um deles. Ela disse:

"Isso mudou depois que assisti a um seminário sobre vendas há dez anos, em que aprendi que, se parcelarmos o preço de um item caro, torna-se bem mais fácil para o cliente justificar a compra. Eu faço o cálculo, tendo como base o número de vezes que uma pessoa comum usaria um sobretudo, e preparo algumas perguntas simples para fazer, caso o cliente ainda esteja em dúvida."

E continuou:

"Primeiro, procuro saber se o sobretudo será usado só para trabalhar diariamente ou nos fins de semana também. As pessoas, em geral, respondem que pretendem usá-lo sempre. Isso me permite calcular o custo em parcelas diárias. Vamos dizer, por exemplo, que a compra esteja sendo feita em Melbourne. Supondo-se que o mantô seja usado para trabalhar e nos fins de semana, durante os meses mais frios – portanto, todos os dias entre junho e setembro –, são aproximadamente 120 dias de uso por ano. Em seguida, pergunto ao cliente por quanto tempo ele acredita que vá usar aquele casaco. A resposta, normalmente, gira em torno de três anos. De posse dessas informações, consigo produzir resultados brilhantes. Multiplicando 120 (dias de uso por ano) por 3 (anos de uso), obtenho um total de 360 dias. Então, divido o preço da compra de 295 dólares por 360, fazendo com que o cliente conclua que o mantô vai custar apenas 81 centavos a cada vez que for usado."

Depois, concluiu dizendo:

"Outra pergunta que costumo fazer à cliente coloca toda a compra em perspectiva. Pergunto se compra jornal, seja na ida para o trabalho ou na volta para casa. Na maioria das vezes, a resposta é "sim", e eu levo a cliente a perceber que ela paga menos, para parecer profissional e manter-se agasalhada, pelo seu novo mantô do que gasta com o jornal que, na maioria das vezes, deixa no trem!"

QUAL É A PRESTAÇÃO MENSAL?

Os negociantes de carros chegaram à perfeição na arte de "reduzir o valor a parcelas ínfimas". A maioria deles sabe que, quando o cliente deseja mudar de carro para um modelo novo e melhor, a última coisa que deseja ouvir é sobre a desvalorização de seu carro atual pelo tempo de uso. A maioria dos carros novos se desvaloriza em cerca de 25% assim que sai da concessionária, o que significa que o valor de um carro de 30 mil dólares cai para 22,5 mil dólares tão logo o cliente gire a chave e saia da agência. Dita assim, essa afirmativa faz parecer um exercício fútil a troca de um carro usado por um modelo mais novo e moderno.

Todavia os vendedores de carros sabem que os clientes já vêm pagando, há alguns anos, a prestação do financiamento atual. Em outras palavras: o cliente está acostumado a prestações. Portanto um bom vendedor não vai trazer à baila o *upgrade*, baseando-se na comparação dos custos entre o carro velho e o novo – digamos, cerca de 15 mil dólares, – mas na diferença entre a atual e a futura prestação mensal.

Suponhamos que a prestação atual seja de 150 dólares por mês e que a nova seja de 195. A diferença entre aquela obra de arte nova em folha, brilhando no showroom, e o "velho" carro do cliente é de apenas 45 dólares por mês. O negócio parece perfeitamente administrável, quando fica reduzido à pequena parcela de 1,45 dólar a mais por dia pelo novo carro. Vendido!

Parte 2

FECHAMENTO

6. TESTES DE FECHAMENTO DE NEGÓCIO
7. FECHAMENTOS QUE SEMPRE FUNCIONAM
8. USANDO TESTEMUNHOS
9. VOCÊ NÃO PRECISA ESPERAR ATÉ QUE TUDO ESTEJA PERFEITO

Capítulo 6

TESTES DE FECHAMENTO DE NEGÓCIO

A venda só é boa para a Neiman Marcus se for boa para o cliente.

Stanley Marcus

NESTE CAPÍTULO

- Da mesma maneira que uma casa precisa ser construída sobre fundações de excepcional qualidade, as vendas precisam ser estruturadas sobre uma boa fundação de testes de fechamento de negócio.

Tento causar impacto em todos os que assistem a meus seminários ou leem meus livros, mas é particularmente gratificante quando realmente consigo fazer um indivíduo aplicar o que aprendeu à vida pessoal e profissional. Blair foi um desses.

Blair é atualmente um dos mais bem-sucedidos vendedores de telefones celulares, mas nem sempre foi assim. Quando o conheci, disse-me que, embora tivesse prazer no seu trabalho e gostasse do contato com os clientes, sabia não estar aproveitando todo o seu potencial. Não que recebesse críticas por seu trabalho – ao contrário, o gerente de vendas achava-o dinâmico e estava muito satisfeito com seu desempenho. Entretanto, como dizia Blair: "Isso era a metade do problema. Se fosse mais exigido, eu provavelmente me empenharia mais. Sabia que tinha muito a dar, mas não conseguia ver o que me tolhia – até que aprendi a 'cercar' um negócio, para não deixá-lo escapar."

USANDO TESTES DE FECHAMENTO DE NEGÓCIO

Tentar fechar um negócio precocemente é um dos maiores desafios para vendedores que, como Blair, não estão usando todo o seu potencial. Para dar uma ideia do que quero dizer, pense em um 747 no terminal de um aeroporto. Antes que a grande estrutura possa decolar, precisa de testes de fechamento de negócio, que incluem reabastecimento, embarque das bagagens dos novos passageiros, verificação dos pneus e de outros componentes, antes que o grande fechamento – a decolagem – aconteça.

Outra forma de colocar os testes de fechamento de negócio em perspectiva é imaginar uma casa construída diretamente sobre o terreno, sem alicerces. É provável que qualquer pequeno abalo provoque um desmoronamento, o que porá a perder todo o trabalho e o esforço despendidos na construção. Da mesma maneira que uma casa precisa ser construída sobre fundações de excepcional qualidade, as vendas precisam ser estruturadas sobre uma boa fundação de testes de fechamento de negócio.

Neste caso, os testes de fechamento de negócio correspondem a perguntas. Aqui estão alguns exemplos que você poderia usar se estivesse vendendo um sofá:

- "Parece-me que a sua preferência é por um sofá o mais durável possível, já que tem quatro crianças pequenas, mas também deseja algo moderno e elegante, certo?" Usando esse teste de fechamento de negócio, você pode descobrir, desde o começo, qualquer dificuldade. Por exemplo, a resposta poderia ser: "Três dos nossos filhos têm menos de 9 anos, mas também temos uma adolescente que frequentemente recebe amigas que ficam para dormir. Assim, preferimos que o sofá se transforme em cama." Fazendo a pergunta certa, você descobre que o cliente precisa de um sofá que também funcione como cama. Caso tivesse meramente continuado a sua apresentação, sem perguntas, só mais tarde perceberia que o cliente tinha uma necessidade específica – a questão do sofá-cama – e teria de recomeçar do zero.

- "Você mencionou que tem uma filha adolescente cujas amigas ficam para dormir, de modo que precisará acomodar mais de uma pessoa, em algumas ocasiões, não é?" Com essa pergunta, você leva sutilmente o cliente a pensar não mais em um sofá-cama em que pode dormir uma só pessoa, mas a cogitar a compra de um que acomode até três pessoas. Não haverá surpresas na conclusão da venda, porque você fez um teste de fechamento de negócio e descobriu uma das mais importantes necessidades do cliente. Em vez de vender um sofá em que só uma pessoa poderia dormir, você obtém do cliente, com sucesso, uma das principais informações de que precisa para convencê-lo a comprar, simplesmente conduzindo um teste de fechamento de negócio por meio de perguntas.

- "Há pessoas na família ou amigos que sofram de asma ou rinite?" Através desse teste de fechamento de negócio, você pode restringir as opções de tecido ou material que o cliente deseja. Além disso, mostra-se uma pessoa cuidadosa, que não permitiria que o cliente escolhesse um tipo de tecido que pudesse ocasionar problemas aos amigos e familiares alérgicos. Eliminados os materiais inadequados, através desse método, você pode prosseguir com a parte "divertida" da venda, ajudando o cliente a escolher as cores preferidas.

Para aproximar-se ainda mais da identificação do sofá que servirá para o cliente, estas são boas sugestões de testes de fechamento de negócio:

- "Este sofá de excepcional qualidade pareceria mais atraente se eu lhe oferecesse uma forma de pagamento em prestações divididas por um período mais longo?"
- "Já considerou a hipótese de um financiamento? Dessa maneira, você pode adquirir um sofá de melhor qualidade, sem desfalcar a sua conta bancária."

TESTES DE FECHAMENTO DE NEGÓCIO NÃO DEIXAM ESPAÇO PARA SURPRESAS

Os testes de fechamento de negócio são ótimos, porque deixam a negociação "fluir", e a venda acontece naturalmente. Quando *não* são feitos, o cliente apresenta objeções que podem retardar a venda ou precipitar um final desastroso.

Todas as vendas que fiz avançaram mais ou menos da mesma maneira. Sempre que eu me impacientava e agia precipitadamente, a venda não se concretizava. Era como se acontecesse só para me lembrar de manter as regras básicas de vendas. Examine a sua técnica e veja se está com muita pressa de fechar negócios.

CAPÍTULO 7

FECHAMENTOS QUE SEMPRE FUNCIONAM

A GRANDEZA NÃO SE DEFINE PELO QUE O INDIVÍDUO LEVA COM ELE, MAS PELO QUE DEIXA PARA TRÁS.

Edward Gardner

NESTE CAPÍTULO

- Os vendedores de carros sabem que, se você levar o carro para casa e o vir diante da garagem, voltará com um grande sorriso no rosto e um cheque na mão.

Os vendedores bem-sucedidos têm muito mais em comum do que se pode imaginar. Para começar, assumem responsabilidade pessoal pelo fechamento de um negócio e nunca esperam que o cliente peça o produto. É o que se chama "liderança em vendas". As conclusões expostas neste capítulo são usadas por líderes mundiais em vendas.

O FECHAMENTO PRESUMIDO

Como a expressão sugere, no fechamento presumido, acredita-se que o cliente esteja pronto para comprar, precisando apenas da liderança do vendedor para cruzar a reta final. Aqui estão alguns exemplos de fechamentos presumidos:

- Ao vender seguros de vida: "Então, sr. Jones, para pagar as parcelas mensais, prefere usar o sistema de débito automático ou prefere enviar-nos um cheque a cada seis meses?"
- Ao vender um forno de micro-ondas: "Que dia da semana será mais conveniente para a entrega: segunda ou quinta-feira?"
- Ao acomodar convidados na mesa de um restaurante: "Então, preferem vinho tinto ou branco?"
- Enquanto um cliente decide a cor do carro novo: "Gostaria de uma cor escura no interior, com uma pintura externa branca, ou prefere uma forração mais clara?"

O FECHAMENTO URGENTE

Todos nós já vimos uma situação assim, especialmente em lojas de aparelhos eletrônicos. Ainda que haja cem torradeiras amarelas em estoque, o vendedor vai voltar e dizer: "Puxa, esta é a última. Está com sorte!" – o que cria uma ideia de urgência para a conclusão da compra. Eis aqui alguns outros exemplos de fechamentos urgentes que sempre funcionam:

- Ao comprar um computador pessoal: "Este é o último PC com aparelho de DVD integrado que temos em estoque. Depois, haverá um período de espera de cerca de dois meses até a próxima remessa chegar."
- Ao fazer uma reserva de quarto de hotel em um *resort*: "Senhor, este é o último quarto que temos com vista para o mar."
- Ao informar o cliente sobre a entrega de um carro: "Este é o último cupê vermelho de duas portas que temos em estoque, e há outros dois compradores interessados que voltarão nesta tarde para mostrá-lo às esposas."

O FECHAMENTO BENJAMIN FRANKLIN

Digamos que você tenha enfrentado todas as objeções apresentadas pelo cliente, respondendo a cada uma delas com atenção e paciência, e ele continue indeciso. Você precisa conciliar tudo – e este é o fechamento a ser utilizado. É tão poderoso que o utilizo sempre que estou em dúvida diante de uma decisão importante. O método recebeu o nome do famoso inventor Benjamin Franklin e funciona porque apresenta os fatos de forma simples, fazendo com que a decisão certa praticamente salte aos olhos.

Susan, a gerente de compras de uma empresa construtora com filiais em vários estados, não consegue decidir se o gasto necessário para adquirir mil celulares pode ser justificável. Ela está inclinada a assinar o contrato, mas precisa de um "empurrãozinho" para se convencer de estar tomando a decisão correta. É nesse estágio que você pega uma folha de papel A4 em branco e explica: "Uso este método sempre que enfrento uma decisão difícil e sei que também vai ajudá-la."

Em seguida, pede a ela que risque uma linha vertical no centro da página, criando duas colunas: PRÓ e CONTRA. Então, sugira que escreva, na coluna PRÓ, todas as razões nas quais possa pensar a favor da compra. Acompanhe o que ela vai escrevendo, lembrando todos os pontos discutidos.

Depois que Susan tiver escrito várias razões pelas quais deve comprar, peça-lhe que escreva, na coluna CONTRA, todos os motivos que tem para *não* comprar. Você perceberá que ela tem dificuldade em encontrar duas ou três razões para não prosseguir com a compra. A decisão parece quase definitiva. É a sua vez de induzi-la a prosseguir. Você pode fazer isso usando o fechamento com o registro do pedido.

O FECHAMENTO COM O REGISTRO DO PEDIDO

Este é um fechamento ótimo para ser usado após o fechamento Benjamin Franklin, mas exige que você escolha as palavras com muito cuidado. Vamos continuar com o exemplo anterior. Vendo Susan escrever todas as razões pelas quais deve prosseguir com a compra, encontrando somente uma ou duas para não continuar, você usa uma pergunta de liderança em vendas, como: "Então, Susan, por qual estado deseja começar a entrega dos telefones – New South Wales ou Victoria?"

Ao ouvi-la responder: "Ah, acho que New South Wales é melhor", você escreve essa informação no contrato de venda. Então, faz uma pergunta poderosa de fechamento, apontando para a linha pontilhada: "Susan, poderia, por favor, dar a sua aprovação aqui, nestes papéis?"

Não diga: "Poderia, por favor, assinar o contrato agora?" É importante enfatizar a importância de não empregar o termo "contrato" – sempre associado a "longo compromisso", "pagamentos" e "obrigações legais". Em contraste, a palavra "papéis" é inofensiva e não assusta ninguém. Sei que pode parecer mera questão de semântica, mas, quando se está prestes a conseguir a assinatura de um cliente, toda palavra é importante.

O FECHAMENTO "CACHORRINHO"

Este fechamento é sempre um dos favoritos, e por uma simples razão: funciona brilhantemente! Digamos que você tenha um filho de 5 anos, Bailey, que deseja um animal de estimação como presente de aniversário. Ele viu na TV, no seu desenho animado predileto, um cachorro e agora quer um igualzinho. Depois de duas semanas de insistência, você acaba concordando.

No sábado de manhã, você vai com Bailey à loja de animais. As crianças são os melhores vendedores – sabem, instintivamente, quais são os botões a apertar e quando. Enquanto andam pela loja, Bailey vê um filhote de labrador que é exatamente o que quer. O dono da loja sabe tudo sobre o fechamento do cachorrinho e sugere que levem o bichinho para casa por uns dias, para ver como se dá com o resto da família. Você já sabe aonde isso vai chegar! Assim que o filhotinho entra em casa, nunca mais volta para a loja. Seus olhos grandes e sua meiguice fisgam Bailey. E adivinhe quem também cai de amores pelo bichinho? Não há nada no mundo que faça você olhar nos olhos do pequeno Bailey e dizer: "Nós vamos devolvê-lo." Seria como expulsar de casa alguém da família.

Vendedores de carros são muito bons também no fechamento do cachorrinho. Eles sabem que, se você levar o carro para casa e o vir diante da garagem, voltará com um grande sorriso no rosto e um cheque na mão. A frase: "As pessoas gostam de comprar o que têm em mãos" é perfeita. Quando você consegue se ver dentro do carro ou com o filhotinho nos braços... negócio fechado.

Os meus negócios se expandiram porque usei essa técnica brilhante. Como descrevi no capítulo 3, a melhor maneira de fazer o cliente notar como sou diferente de outros palestrantes é produzindo um seminário piloto. Nada se compara, realmente, ao fato de me verem atuando. Em um seminário piloto, o cliente percebe, ao vivo, como o meu seminário pode ajudá-lo em seus negócios e, então, dispõe-se a dar o próximo passo, que é investir em mais seminários.

O FECHAMENTO "SEM PRESSA"

Este é um fechamento excelente para quando o cliente se sente um tanto pressionado, seja por você ou pela própria empresa para a qual trabalha, que deseja uma decisão: comprar ou não comprar.

Quando você diz: "Não há pressa, só resolva quando tiver certeza", o cliente tem a impressão de estar totalmente no controle. Caso você tenha agido com certa impaciência ou exagerado um pouco na pressão, esse tipo de declaração é uma forma brilhante de devolver o controle ao cliente. Se ele tiver a impressão de estar sendo forçado a fazer alguma coisa que não quer, começará a se afastar. Mas, se o movimento de recuo for seu, o cliente, não se sentindo ameaçado, ficará mais inclinado a levar o negócio adiante.

Gosto de combinar o fechamento "sem pressa" com o "fechamento urgente". Se eu digo: "Oh, não há pressa em tomar uma decisão", menciono em seguida que visitarei, no dia seguinte, outro cliente importante, que deseja agendar um seminário para 10 mil funcionários, começando praticamente na mesma data pretendida por ele. Em um instante, as coisas mudam: o cliente começa a pensar que *certamente* precisa "apressar-se", porque, se levar alguns dias para tomar a decisão, todas as datas que deseja poderão já estar comprometidas.

Se, por qualquer motivo, o cliente estiver se sentindo um pouco pressionado, introduza o fechamento "sem pressa" e, em breve, ele estará apressando você.

Capítulo 8

USANDO TESTEMUNHOS

> Clientes satisfeitos quase invariavelmente se transformam em agentes ativos para o progresso dos negócios da empresa.
>
> **Autor desconhecido**

NESTE CAPÍTULO

- Escute, amigo, contrate-o imediatamente. Caso se decepcione, eu lhe devolvo a mesma quantia que tiver pago a ele.

Quando era um palestrante desconhecido tentando encontrar meu espaço, descobri que os relatos favoráveis de clientes anteriores eram um meio muito eficiente de fechar contratos. Se o cliente em potencial mostrasse aquele ar de "já ouvi isso antes", eu tentava um fechamento aproveitando testemunhos de quem já conhecia meu trabalho: sugeria telefonemas a alguns clientes antigos, para ouvir o que pensavam de mim. Todas as referências foram favoráveis e fornecidas de bom grado.

Depois da "devida diligência", o cliente se convencia e decidia prosseguir com a negociação. Lembro que um cliente novo me ligou, depois de ter falado com alguns clientes antigos. Prendi a respiração, aguardando esperançoso que ele quisesse marcar um seminário piloto, mas, em vez disso, para minha grande surpresa, disse: "Não vamos perder tempo, Paul. Prefiro fazer logo um contrato para 20 seminários, de maneira que toda a empresa possa vê-lo. Por mais que você fizesse um seminário piloto, tudo corresse bem e eu decidisse contratá-lo, ainda teria de esperar na fila pelas datas disponíveis e não quero perder tempo."

Continuou dizendo que a empresa pensava em colocar ações no mercado nos próximos seis meses e precisava dos meus serviços antes que isso acontecesse.

Acabava de descobrir a necessidade crucial do cliente: conseguir uma série de apresentações no período mais próximo possível, para aproveitar a cobertura da mídia quando do anúncio das ações no mercado.

Sabe o que aconteceu? Por motivos óbvios, eu não podia dizer que era adequado para o trabalho e que um seminário piloto seria perda de tempo, mas meus clientes fiéis podiam. Efetivamente, descobri que eles têm prazer em me recomendar. Quando um cliente prospectivo liga para um executivo sênior de outra empresa que já conhece meu trabalho, ouve-o dizer:

"Para que seminário piloto? Paul Hanna é incrível!"

Um dos meus mais antigos clientes, Ted, é um grande exemplo disso. Depois de falarem com ele, clientes em perspectiva me telefonaram e disseram: "Puxa, esse Ted é um dínamo!" Perguntei por que e eles responderam: "Bem, ele vai direto ao ponto!"

Quando quis saber o que isso significava, o cliente me disse que Ted tinha ficado tão entusiasmado ao falar de mim que dissera: "Escute, amigo, contrate-o imediatamente. Caso se decepcione, eu lhe devolvo a mesma quantia que tiver pago a ele."

Claro que eu não havia pedido ao Ted que fizesse aquilo, mas achei um excelente método de fechamento! Devo admitir que, quando fiquei sabendo disso, não telefonei ao Ted pedindo que não fizesse mais...

TESTEMUNHOS POR ESCRITO SÃO EXCELENTES

Os testemunhos registrados por escrito são outra ferramenta que usei no início das minhas atividades e que ainda uso nos livros, com grande efeito. Quando escrevi o primeiro livro, lembro que o editor sempre me perguntava: "Como é que continua conseguindo tantos negócios? Como mantém esse movimento contínuo?" Eu disse: "Bem, se os clientes leem as cartas de tantos empresários famosos, devem pensar que não é possível que todos estejam errados."

Atualmente, os testemunhos já não são tão necessários, porque tenho por trás de mim um exército de grandes clientes, suas equipes e uma leal brigada de leitores. Mas, quando você está fazendo todo o possível para ganhar credibilidade em um novo setor, os testemunhos escritos podem operar milagres. E também são ótimos porque mantêm o cliente prospectivo envolvido e concentrado. O cliente, na verdade, segura o testemunho em mãos e pode ler, em vez de apenas ouvir.

PÁGINAS NA INTERNET FUNCIONAM MUITO BEM

Parece que a internet sempre fez parte das nossas vidas e eu, pelo menos, mal me lembro do tempo em que não contávamos com ela. Será que você está sabendo tirar o máximo proveito de sua página pessoal ou da página da sua empresa?

Um dos maiores desafios que tinha antigamente era o envio rápido de informações ao cliente, de forma a agilizar sua decisão. A minha página na internet, que inclui vários testemunhos de clientes, mudou tudo isso. Quando o assessor pessoal de um empresário sênior me liga para se informar sobre os meus serviços, sugiro que dê ao chefe o endereço da minha página na internet, para que ele possa ver quem são meus clientes habituais e o que dizem de mim. Embora isso não garanta que a empresa feche comigo, normalmente me dá a oportunidade de marcar uma visita com o empresário e discutir, frente a frente, as vantagens de me contratar para abrir um seminário ou fazer uma série de palestras.

UM ANÚNCIO DE EMPREGO PODE DIZER MUITO

Recentemente, fiz publicar um anúncio de um quarto de página nos classificados do *Australian Financial Review*, um dos nossos principais periódicos e que, seguramente, figura na lista de "leituras obrigatórias" de todo executivo sênior do país.

O objetivo do anúncio era encontrar o melhor assessor de imprensa da Austrália para mim. Quando ainda pensava no assunto, muita gente me disse para não gastar dinheiro com anúncios no jornal e entrar em contato com firmas de recrutamento que já possuem cadastro de candidatos adequados a cada função. Acontece que gosto de fazer as coisas de maneira diferente e resolvi, em vez de contratar uma agência, procurar eu mesmo o profissional de que precisava.

A repercussão do anúncio foi grande. Recebi mais de 300 currículos de todas as partes do mundo (muitas pessoas viram o anúncio na internet). Sabia que iria despertar algum interesse, mas a resposta ultrapassou minhas expectativas. O que também me impressionou foi a qualificação dos inscritos – de tal forma que mantive muitos currículos em arquivo para uma eventual necessidade.

Estou contando a vocês essa história em razão do retorno que obtive de clientes de toda a Austrália que viram o anúncio. Recebi telefonemas de congratulações, faxes e e-mails, alguns de clientes que haviam usado os meus serviços há mais de dez anos e queriam dizer que se sentiam felizes por eu estar me saindo bem, inclusive trazendo convites, como: "Precisamos almoçar juntos um dia desses."

Fiz uma quantidade espantosa de negócios a partir daquele anúncio de emprego. É uma prova importante de que uma medida rotineira – um anúncio buscando um novo elemento para a equipe – pode funcionar como testemunho e acarretar uma porção de novos negócios, tudo ao mesmo tempo!

Capítulo 9

VOCÊ NÃO PRECISA ESPERAR ATÉ QUE TUDO ESTEJA PERFEITO

> NÃO SE SALTA UM ABISMO EM DOIS PULINHOS.
>
> **Provérbio dos índios norte-americanos**

NESTE CAPÍTULO

- Enquanto os concorrentes de Melanie se queixam da dificuldade e da lentidão dos negócios, ela está em campo prestando serviços de qualidade e fechando vendas – antes mesmo de assinar contratos!

Todo vendedor viveu (ou viverá) uma situação em que o negócio está pronto para ser fechado, exceto por um detalhe – a assinatura do contrato. Algumas vezes, porém, o contrato tem de esperar. Um aperto de mãos pode ser o único gesto necessário para conseguir que um cliente avance para o estágio seguinte e faça as coisas acontecerem. O contrato pode ser assinado mais tarde. Talvez você perca bons negócios se não adotar um estilo de vendas suficientemente flexível.

PONHA TUDO POR ESCRITO – ALGUMAS VEZES!

Meus consultores financeiros sempre ficam espantados com a maneira como faço negócios. Custam a acreditar que uma grande organização multinacional pague milhares de dólares pelos meus serviços, com base apenas em um aperto de mão ou em uma carta de uma só folha.

No entanto muitos clientes ficam satisfeitos em fazer negócios de maneira bem mais informal, neste mundo cheio de burocracia e procedimentos complexos. Para eles, um encontro e um aperto de mão é tudo de que precisam para seguir em frente e fazer acontecer uma série de seminários ou uma apresentação. Mas nem sempre foi assim. Lembro-me de ficar esperando até que tudo estivesse "assinado", para que eu acreditasse ter o negócio nas mãos. Muitos clientes, ao perceberem minha hesitação ou dúvida, decidiam adiar ou, pior ainda, cancelar de uma vez os compromissos propostos.

ALTERNATIVAS DIFERENTES PARA PESSOAS DIFERENTES

Não estou dizendo que os contratos não têm lugar no ambiente de negócios – claro que têm! Apenas acho bom deixar de lado a necessidade de costurar tudo muito bem, antes de pensar em avançar mais um passo no processo da venda. Veja este exemplo:

Melanie vende espaço para anúncios em um jornal australiano de grande circulação. Ela me disse que, em sua função de vendedora de anúncios por telefone, uma das maiores dificuldades, era convencer o cliente de que conseguiria atingir o público-alvo. Ela disse: "Tive uma ideia que fez aumentar muito rapidamente a minha cota de mercado: deixar que o cliente veja o anúncio antes de concretizar o negócio. A maioria dos jornais espera até que o cliente se comprometa, para então elaborar o anúncio, mas eu presumi que os clientes que nos procuram realmente querem fazer negócio e não podem perder o dia inteiro telefonando a vários jornais para comparar preços. Então, faço o seguinte: sugiro ao cliente que me envie o máximo de informações, para que eu crie uma prova do anúncio e mande por fax ou e-mail. Nove entre dez clientes se impressionam com a minha abordagem do tipo 'vamos fazer acontecer' e concordam com a sugestão."

Ela prosseguiu: "Depois que recebo as informações, faço uma prova do anúncio com o máximo de fidelidade e passo por fax ou e-mail dentro de, no máximo, duas horas. Quase sempre, o cliente faz algumas mudanças, mas sempre se impressiona com a rapidez da minha operação e me autoriza a continuar."

Enquanto os concorrentes de Melanie se queixam da dificuldade e da lentidão dos negócios, ela está em campo prestando serviços de qualidade e fechando vendas – antes mesmo de assinar contratos!

TED TURNER SABE QUE NÃO SE PODE ESPERAR ATÉ QUE TUDO ESTEJA PERFEITO

Recentemente, vi um documentário na televisão sobre Ted Turner, o decidido fundador da CNN. Ele contou a história da criação da rede e disse que, uma vez escolhida a data da inauguração, nada iria mudá-la – se a data fosse alterada, tudo o mais teria de ser modificado, e ele não queria que isso acontecesse.

O documentário mostrou cenas do primeiro telejornal da CNN sendo lido para as câmeras, enquanto os pintores ainda retocavam a mesa do cenário! Turner disse que a experiência da CNN era uma grande mensagem para que todos aqueles que tivessem um prazo estabelecido se ativessem a ele. Você não tem de esperar até que tudo esteja perfeito – ou, no caso da CNN, até que a tinta seque – para ir em frente.

OS JOGOS OLÍMPICOS DE SYDNEY E AQUELAS CALÇADAS

Como Sydney é minha cidade natal, sempre recordarei os Jogos Olímpicos de 2000 com orgulho e entusiasmo. Mas, na preparação para os jogos, o prefeito, Frank Sartor, teve de lidar com a imensa rejeição dos comerciantes e do público em geral, por ter ordenado que todas as calçadas fossem ampliadas e recapeadas a tempo para as Olimpíadas. Sydney estava no meio de um *boom* de construção, com vias expressas, hotéis, edifícios de escritórios e aeroportos sendo construídos ou reformados, e os moradores estavam incomodados e aborrecidos com tudo aquilo.

Todas as noites, os noticiários mostravam vendedores e donos de lojas queixando-se da queda nos negócios e do consequente prejuízo. Eu me solidarizava com eles, pois meus pais foram comerciantes também, mas, ao mesmo tempo, ficava espantado com a tenacidade e o foco que o prefeito demonstrava sob tamanha pressão. Às vésperas de uma eleição, ele poderia facilmente capitular diante da desaprovação que recebia de todas as frentes da mídia. Ao contrário, insistiu com mais determinação ainda para garantir que, quando a tocha olímpica chegasse à nossa linda cidade portuária, as calçadas de Sydney estivessem em excelente estado.

Assim como Rudy Giuliani, prefeito de Nova York, sustentou a cidade durante aqueles dias terríveis que se seguiram ao 11 de setembro de 2001, o prefeito de Sydney, Frank Sartor, mostrou com firmeza que é preciso acreditar no que se faz e continuar, ainda que as coisas não estejam perfeitas.

PARTE 3

INDICAÇÕES E PROSPECÇÃO

Capítulo 10

INDICAÇÕES DOBRARÃO SUAS VENDAS, MAS É PRECISO PEDIR!

PEQUENAS OPORTUNIDADES SÃO FREQUENTEMENTE O COMEÇO DE GRANDES EMPREENDIMENTOS.

Demóstenes

NESTE CAPÍTULO

- Você não entra em terreno desconhecido – houve uma recomendação feita por alguém que conhece o seu trabalho. Perfeito!

Como você reagiria se eu lhe dissesse que existem dezenas de clientes que, com certeza, comprariam o seu produto ou serviço e só esperam o seu telefonema? Se for como a maioria dos vendedores, você diria: "Ei, Paul, quem são elas? Vou para o telefone agora!"

As indicações são exatamente isto: novos clientes que chegam através da recomendação de conhecidos, sócios, amigos ou parentes que, satisfeitos com o serviço prestado, indicam o seu trabalho. As indicações são proveitosas porque constituem as vendas mais justas que se podem fazer. Você não entra em terreno desconhecido – houve uma recomendação feita por alguém que conhece o seu trabalho. Perfeito!

FARINHA DO MESMO SACO

A sua renda, em grande parte, determina a casa onde você vive, o carro que dirige e o local onde passa as férias. Em que isso se relaciona com a conquista de novos clientes?

Jarrod vende empréstimos para compra da casa própria no florescente mercado de imóveis de Queensland. A hora da verdade chegou para Jarrod quando eu disse em um seminário em que ele esteve presente: "As pessoas que compram propriedades para investimento estão, muito provavelmente, misturadas a outras que também querem comprar para investimento."

Jarrod me disse que nunca havia compreendido realmente a força das indicações, até perceber que todo cliente que comprara com ele uma propriedade nos cinco anos anteriores conhecia pelo menos uma pessoa, possivelmente mais, na mesma situação financeira. "Em geral, meus clientes são de Sydney ou Melbourne e quase todos trabalham por conta própria. Assim, procuram bons investimentos que venham a funcionar como uma aposentadoria. Depois do seu seminário, passei a incluir pedidos de indicações nas minhas apresentações de vendas e imediatamente comecei a receber telefonemas de pessoas de Sydney e Melbourne, querendo folhetos e listas de preços das propriedades 'ao estilo da casa de Harry e Karen', por exemplo."

Quando Jarrod começou a pedir indicações de cada cliente, ficou espantado com a rapidez com que os negócios se desenvolveram. "Antes de assistir ao seu seminário, sempre pensei que as indicações ficassem por conta do cliente, que as daria se tivesse gostado de mim – jamais pensei que *eu* fosse responsável por obtê-las. Agora, coloco indicações nas minhas apresentações, e os clientes adoram. Eles *querem* me ajudar a desenvolver o meu negócio e me ver cada vez mais próspero."

CARTÕES DE VISITA PROFISSIONAIS NÃO FUNCIONAM

Antes que esse título transmita uma impressão errada, devo dizer que os cartões *são* necessários e os encorajo a providenciar um que pareça o mais profissional possível. Mas, no que se refere às indicações, os cartões profissionais são um desastre. O problema é que os vendedores transferem a própria credibilidade para os cartões, acreditando que a distribuição de quatro ou cinco ao fim de cada apresentação ou venda seja garantia de que os clientes os entreguem a sócios e amigos. Isso não acontece. Na realidade, na maioria dos países do mundo, os cartões profissionais são chamados simplesmente de "cartões de visita", cujo propósito principal é informar nome correto, e-mail, números de telefone e fax.

UM BURACO EM UMA TACADA NO CAMPO DE GOLFE

Durante uma recente série de seminários que fiz para uma grande multinacional, o diretor gerente, Noel, me contava como se divertira com amigos em um campo de golfe, no fim de semana anterior: "No bar, depois de alguns drinques, saquei uma das suas adivinhações, para ver se os meus amigos conseguiam decifrar. "Noel estava se referindo a uns jogos de palavras que proponho durante os seminários para mostrar como é importante a observação.

Ele continuou: "Todos se empenharam, como eu sabia que fariam, e se espantaram quando revelei a solução, querendo saber onde eu aprendera aquilo. Foi quando falei sobre o seminário a que todo o meu pessoal estava assistindo."

Ao perguntar quem eram aqueles amigos, fiz com que Noel percebesse, repentinamente, que eles também poderiam usar os meus serviços. Ele sabia de cor o número do meu celular, mas não havia pensado em passá-lo aos amigos. Perguntei, então: "Você acha que essas pessoas iriam se beneficiar se seus funcionários assistissem ao meu seminário?"

Noel respondeu que todos tinham demonstrado real interesse em saber dos resultados. "Eu lhes disse que o seminário estava funcionando como um verdadeiro *circuit-breaker* depois dos problemas enfrentados recentemente pela minha empresa."

Perguntei a Noel se ele se incomodaria em ligar para cada um dos seus amigos, avisando-lhes que eu iria entrar em contato. "Sem problemas. Nós nos telefonamos duas vezes por semana, no mínimo."

Esperei alguns dias, para dar a Noel o tempo de falar com todos, e comecei a ligar. O que teria acontecido se, em vez de pedir a Noel que falasse com os amigos a meu respeito, eu lhe tivesse dado cinco ou seis cartões de visita profissionais, pedindo que entregasse a eles? Pode-se imaginar facilmente qual das técnicas traria maior retorno. Isso sem mencionar a improbabilidade de Noel se lembrar de levar os meus cartões para o próximo jogo de golfe e de tirá-los do bolso entre uma tacada e outra. Além disso, se Noel distribuísse os cartões no bar, correria o risco de fazer os amigos pensarem que ele estaria recebendo algum tipo de comissão. O contato individual por telefone mantém a confidencialidade e não intimida ninguém.

Os cartões profissionais são ótimos para criar uma imagem e passar detalhes para contato, mas não confie seriamente neles como indicação. Se você acredita em um ótimo retorno somente com a distribuição de cartões, imagine quantos negócios a mais poderia conseguir se tomasse para si a responsabilidade de pedir aos clientes que falem a outros sobre o seu trabalho.

Capítulo 11

CAFÉS DA MANHÃ, ALMOÇOS E JANTARES ENTRE EMPRESÁRIOS

> Eu não tinha a ambição de fazer fortuna. Nunca foi minha meta apenas ganhar dinheiro – minha ambição sempre foi construir.
>
> **John D. Rockefeller**

NESTE CAPÍTULO

- A mais famosa e "persuasiva" frase em vendas deveria ser: "Vamos comer alguma coisa?"

Ainda me lembro de, nos anos 80, ler sobre o colapso de várias empresas. Era uma sensação assustadora, em especial porque eu sabia que um dia teria o meu negócio. Um aspecto que sempre me surpreendeu nos relatórios foi a quantidade de "almoços de negócios". Não duvido que de fato *tenham ocorrido* diversos almoços, muitos deles regados a bebidas, a maioria descontada da verba para despesas, e estou certo de que negócios foram fechados e ideias criadas no decorrer desses encontros.

Reflita um instante e pergunte-se: será que, de alguma maneira, uso o divertimento para manter vivas as minhas relações com os clientes? Se a resposta for "sim", o que vem a seguir vai ajudar você a obter mais retorno sobre o seu investimento. Caso seja "não", vai chegar ao fim do capítulo com a certeza de que não pode se dar ao luxo de *dispensar* o divertimento.

A FAMOSA FRASE "VAMOS COMER ALGUMA COISA?"

A mais famosa e "persuasiva" frase em vendas teria de ser: "Vamos comer alguma coisa?" A solução é ótima, porque não implica um almoço improdutivo regado a vinho, que mantenha o cliente fora do escritório por toda a tarde.

Sempre que me fazem essa pergunta, respondo "sim", porque sei que é uma grande oportunidade de estar com o cliente e descobrir como vive. Em mais de dez anos, nunca me entediei ao "comer alguma coisa". Se o cliente me convida, tem algum motivo, e não vou deixar a oportunidade escorregar entre meus dedos.

ALMOÇOS REGADOS A BEBIDA PODEM FUNCIONAR – PARA AS PESSOAS CERTAS

É errado descartar totalmente os almoços regados a bebida, tachando-os de perda de tempo. Existem clientes que raramente têm a ocasião de sair e, quando o fazem, aproveitam para relaxar. Quando relaxadas, as pessoas se comprometem; quando se comprometem, fecham negócios. É simples assim.

Há pouco tempo, vivi uma situação como essa. Rex, um cliente, é um boêmio que adora esportes e cerveja. Passei uma tarde inteira em um jogo de futebol com ele e posso dizer que nos divertimos. Durante o intervalo, Rex perguntou o que eu vinha fazendo em termos de negócios. Respondi que estava justamente voltando de um circuito de apresentações para um dos meus principais clientes. Ele disse: "Eu devia fazer uma coisa assim. O que você acha?"

Minha resposta, é claro, foi a mais previsível: "Tenho duas semanas de intervalo em novembro. Isso se encaixaria na sua agenda, Rex?" Ele imediatamente respondeu: "Novembro é realmente um momento tranquilo do ano. Combinado."

Não mencionou custos, nem outras questões. Somente "Combinado". E continuamos a beber Hahn Premium (sua cerveja favorita) pelo resto do jogo.

Não sou um bom bebedor, mas é impressionante o quanto você é capaz de aguentar quando há um sopro de negócios no ar! Naquela tarde, fechei um grande contrato de trabalho. Teria levado anos de apresentações e reuniões para alcançar o mesmo resultado.

CAPPUCCINO, TORRADAS E VOLTA AO TRABALHO

Algumas vezes, um longo almoço é adequado, mas lembre-se de escolher a pessoa certa. Enquanto Rex é um tipo apreciador de futebol e cerveja, Aidan prefere resolver rapidamente uma transação de negócios e voltar ao trabalho. É um sujeito discreto, que somente nas sextas-feiras admite estender a hora do almoço. Como sei disso, sempre procuro adequar os meus convites. Nunca o convidaria para um jogo de tênis ou de futebol em um fim de semana, porque ele sempre deixou claro, para mim e para todos em sua empresa, que só trata de assuntos de trabalho de segunda a sexta. Assim, quando chamo Aidan para "comer alguma coisa", sei que teremos um rápido sanduíche, um café e pronto. No entanto, é tempo suficiente para conseguir realizar alguma coisa em termos de trabalho.

APROVEITANDO O TEMPO NA SALA DE ESPERA DAS COMPANHIAS AÉREAS

Nos últimos tempos, tenho observado com interesse as mudanças ocorridas nas salas de espera das companhias aéreas. Quando comecei a viajar a trabalho, eram espaços muito tranquilos: podia-se ouvir um alfinete caindo no chão. Atualmente, parecem um jardim de infância na hora do recreio ou um barzinho em fim de tarde de sexta-feira! Ainda que, com o passar dos anos, tais espaços tenham perdido um pouco o foco, possuem excelentes utilidades. A área que mais me atrai é o setor de negócios. É um lugar perfeito para você fazer suas ligações telefônicas, receber seus e-mails e ainda tomar um gim-tônica ou uma cerveja. Outro local pouco utilizado pelos passageiros mais assíduos é a sala de reuniões. Tento frequentemente saber qual o horário do cliente, de maneira a fazer coincidir meu voo com o dele. Por exemplo, se ele estiver indo para Perth via Adelaide, enquanto eu volto para Sydney, tentarei marcar um encontro com ele na sala de reuniões do aeroporto de Adelaide.

APROVEITE O DIA

Eis aqui outra técnica relacionada aos aeroportos. Se tenho um cliente que está voltando para Melbourne e eu também me encontro na cidade, procuro me organizar para levá-lo, de limusine, do aeroporto até sua casa – se ele concordar com isso, é claro. O percurso de uma hora entre os dois locais pode ser uma excelente oportunidade para fechar uma transação. O cliente, sem dúvida, adora ser bem tratado e percebe meu interesse. Do aeroporto de Melbourne até a cidade, o preço do aluguel de uma limusine é uma ninharia se comparado ao custo do tempo que eu despenderia tentando marcar uma hora com ele.

Capítulo 12

GUIA RÁPIDO PARA OBTER INDICAÇÕES

> DEITAR CEDO, ACORDAR CEDO, TRABALHAR LOUCAMENTE E ANUNCIAR.
>
> **Ted Turner**

NESTE CAPÍTULO

- Passados três anos, ele nem uma vez procurou os clientes para agradecer pelos negócios feitos ou para pedir nomes de pessoas que, na opinião deles, poderiam usar seus serviços.

Qualquer dessas informações ajudará a obter suas indicações. Experimente uma delas hoje e observe os seus negócios prosperarem.

1. ESTABELEÇA UMA META

Em *Você Pode!*, um dos principais pontos que enfatizei foi a necessidade de estabelecer, em primeiro lugar, uma meta ou alvo, para depois descobrir como alcançá-la. Com isso em mente, é importante decidir quantas indicações por semana você vai pedir. Assim, poderá avaliar o retorno, planejando o que fazer para atingir o resultado final.

2. FARINHA DO MESMO SACO

Como mencionado no capítulo 10, as pessoas se unem a outras com as quais se sentem confortáveis e possuem afinidades. Caso queira fazer os seus negócios crescerem rapidamente, focalize aqueles que já são clientes e têm uma opinião favorável a seu respeito. Eles estão social e profissionalmente relacionados com seus "novos" clientes!

3. RESPONSABILIZE-SE PELA OBTENÇÃO DAS INDICAÇÕES

De nada adianta distribuir centenas de cartões de visita profissionais, se você não se interessar pelo que vai acontecer depois. Certamente, algumas pessoas ligarão, mas você não investiu neste livro para permanecer no seu nível atual de vendas. Caso deseje passar para um próximo nível de realização, precisa começar por pedir nomes e números de telefone.

4. MANDE UMA "TROPA DE CHOQUE"

Em todos os tempos, os líderes militares sempre enviaram batalhões de elite para a área de conflito a fim de preparar o cenário para o ataque planejado. Um comandante supremo que se arriscasse a perder a batalha por não ter preparado o terreno apropriadamente seria muito tolo. Em vendas, não é diferente. Se conseguir que um de seus clientes habituais, que pensa maravilhas a seu respeito, ligue para um cliente em potencial antes que você o visite, o terreno terá sido preparado para o seu "ataque". Não subestime o poder do telefonema de um cliente antigo a um cliente prospectivo. Tudo o que o primeiro tem a dizer é: "Você realmente vai gostar – é um indivíduo muito profissional e objetivo" e bingo! Você está na jogada. Claro que vai ser preciso corresponder à "propaganda", mas a parte mais difícil do "ataque" já foi vencida.

5. NADA ATRAI MAIS O SUCESSO DO QUE O PRÓPRIO SUCESSO

Wade, um cliente que trabalha com empréstimos para a compra de imóveis, tinha o hábito de enviar uma cesta de presente para a casa do cliente depois da concretização do negócio. Veja o que ele me contou: "Dei um grande salto no que diz respeito às minhas indicações depois de assistir ao seu seminário. Embora as cestas fossem bem recebidas, não estavam trazendo tantos novos negócios, como pensei que fariam. Durante o seminário, você sugeriu que eu passasse a mandar as cestas para o local de trabalho do cliente. Foi um lance de gênio. Agora, assim que a cesta chega, todo mundo no escritório fica por perto para descobrir de onde ela veio. Comecei a receber telefonemas dos colegas de trabalho das pessoas a quem presenteei com as cestas."

6. UM TELEFONEMA DE AGRADECIMENTO CAI BEM

Pode não ser tão especial quanto uma cesta, mas um telefonema de agradecimento sempre impressiona bem o cliente, porque a maioria dos profissionais de vendas não faz isso. E por que não aproveitar o telefonema para pedir ao cliente pelo menos o nome de uma pessoa que acredite possa estar interessada em usar o seu produto ou serviço? Você pode falar claramente ou, caso se sinta desconfortável fazendo isso, tentar uma simples pergunta, como: "Eve, você contou para alguém sobre a aprovação do seu empréstimo?" Eve provavelmente dirá: "Estou tão entusiasmada que contei para todo mundo!" Você pode então perguntar: "Alguém falou que poderia precisar da minha ajuda?" ou "Alguém está tendo problemas com seu empréstimo atual ou pretende fazer um novo?" Quando você faz uma segunda pergunta ligada à primeira, a maioria das pessoas acaba fornecendo um nome ou dois. E será ainda melhor se você conseguir que o cliente ligue para essas pessoas antes. Caso já tenha muitas indicações, afirmo que, quando adotar esse método, perceberá que nem de leve atingiu a superfície do seu potencial!

Um lembrete: anote nomes e números de telefone. Não fique no mundo da fantasia, esperando os telefonemas.

7. NEM TODOS COMPRAM, MAS TODOS CONHECEM PESSOAS QUE QUEREM COMPRAR

Este ponto por si só pode ter um forte impacto sobre o crescimento dos negócios. Conheço muitos profissionais de vendas que não se sentem à vontade para pedir informações ou indicações para pessoas que não compram. É fácil presumir que a pessoa que não comprou o seu produto ou serviço não vai querer recomendá-lo a conhecidos. Mas não existe regra a esse respeito. Fui testemunha disso quando recebi uma solicitação de Ewan, dono de uma pequena empresa, que gostaria que seus cinco funcionários assistissem a um dos meus seminários, mas não tinha como pagar por meus serviços profissionais. Como não havia qualquer seminário aberto ao público previsto para aquela área, estávamos diante de um impasse. Como seria possível para seu pessoal assistir a um seminário e, ao mesmo tempo, reduzir os custos? Perguntei-lhe se não conhecia outros empresários que tivessem interesse em proporcionar a mesma oportunidade aos funcionários, dividindo o custo com ele. Dois dias depois, Ewan retornou, todo animado. Seu irmão, diretor de vendas de uma grande companhia australiana, havia considerado aquela uma ótima oportunidade e teria 20 de seus funcionários participando de um seminário, no fim de semana, junto com o pessoal de Ewan. Desde então, por causa daquele fim de semana, o irmão de Ewan já mandou mais de duas mil pessoas da sua empresa para os meus seminários.

8. PEÇA AOS CLIENTES QUE MANDEM UMA CARTA OU E-MAIL DE APRESENTAÇÃO

No início da minha carreira, sempre que eu completava uma série bem-sucedida de seminários para uma organização, redigia uma carta que o cliente satisfeito poderia enviar aos conhecidos. A carta era escrita de forma a elogiar a mim e aos meus seminários, falar do *feedback* positivo e, mais importante ainda, dos benefícios que o cliente recebera. Por que eu fazia isso? Bem, quando eu pedia para meus clientes para recomendarem os meus serviços, a maioria se oferecia para telefonar aos conhecidos, mas dizia não ter tempo de escrever. Com a carta, eu lhes sugeria o que dizer ao telefone, o que se encaixava perfeitamente no meu objetivo, além de demonstrar que eu superava suas expectativas.

9. INDICAÇÕES DE FORMADORES DE OPINIÃO

Formadores de opinião são indivíduos respeitados por um grupo de pessoas, como o presidente do Lions Club ou do Rotary local, ou o líder de uma rede ou grupo que se reúne uma vez por semana para o café da manhã, por exemplo. Conhecer um formador de opinião pode resultar em uma avalanche de vendas para você, já que ele tem influência suficiente para facilitar o seu acesso a todo o grupo.

Essa estratégia, no entanto, pode ser uma faca de dois gumes. Embora a apresentação de uma pessoa influente represente um óbvio potencial de uma quantidade significativa de vendas, isso pode ser também um caminho arriscado. A apresentação do seu trabalho tem de ser muito boa ou poderá perder todos aqueles clientes desejáveis de um só golpe. Minha intenção não é desencorajar você de apresentar--se diante de grupos grandes, mas adverti-lo de que sua apresentação esteja adequada à situação, por exemplo, ter uma versão em PowerPoint, e não somente em papel, e habilidade de comunicação. Se você não se sente bem falando para muita gente – e isso é bastante comum –, só utilize essa técnica depois de receber treinamento apropriado para falar em público. Mas não tenha dúvidas: sempre que apresentar o seu produto ou serviço para centenas de pessoas de uma só vez, as vendas serão muito mais numerosas do que você sonhou.

10. PARA ÓTIMOS RESULTADOS, ADMINISTRE BEM O SEU BANCO DE DADOS

Sem dúvida, um dos maiores recursos que você possui é o seu modesto banco de dados de clientes antigos e atuais. Um dos meus clientes triplicou os negócios, do dia para a noite, depois de perceber que não estava aproveitando plenamente o seu banco de dados com mais de 500 nomes de clientes satisfeitos. Em três anos, ele não tinha feito qualquer contato para agradecer aos clientes pelos negócios realizados ou para pedir nomes de pessoas que, na opinião deles, pudessem usar seus serviços. Se ainda não começou um banco de dados, ou o que possui atualmente está desorganizado, comprometa--se a entrar em contato com uma firma de relações públicas ou de marketing o mais breve possível, para conseguir ajuda e aproveitar essa mina de ouro de oportunidades.

Capítulo 13

É UM JOGO DE NÚMEROS

> O QUE VOCÊ PLANTA AGORA COLHERÁ MAIS TARDE.
>
> **Og Mandino**

NESTE CAPÍTULO

- Se você é bombeiro hidráulico, ofereça seus serviços diariamente a novos clientes.

No início das minhas atividades profissionais, ouvi um vendedor de carros de luxo dizer durante uma palestra: "É um jogo de números." Lembro-me de ter pensado que era um comentário inconsequente. Como se pode dizer que vendas é só uma questão de números, quando na realidade têm a ver com gente? Perguntei a alguém quem era aquele homem, e me disseram que se chamava Rocco, o líder em vendas do grupo. "É, ele pode ser o vendedor número um, mas, com essa atitude, aposto que as suas relações com o cliente são péssimas", pensei.

Fiquei surpreso quando soube que Rocco era o líder do grupo na média de atendimento ao cliente também. Quando o conheci, perguntei como havia feito sucesso, e ele me disse ter aprendido, desde cedo na carreira, que a única maneira de sobreviver no mundo competitivo dos automóveis de luxo era estar sempre um passo à frente dos outros.

"Depois de um ano inteiro no ofício, contratei um assessor pessoal para administrar a papelada e fazer o acompanhamento após a entrega de cada carro vendido. Isso me permitiu fazer o que mais gosto: vender automóveis de luxo. Fico impressionado com muitos dos colegas, profissionais de vendas, que cumprem todas as etapas maçantes, acompanhando cada venda, do início ao fim. No entanto queixam-se de que poderiam ter mais sucesso se tivessem alguém para tomar conta da papelada para eles!"

Rocco entendeu uma regra preciosa no mundo dos negócios: quanto mais tempo tem para vender carros, mais clientes ele conhece e mais vendas consegue fazer.

UMA PLATEIA CADA VEZ MAIS NUMEROSA

Este é um aspecto simples, mas muito importante. Estatisticamente, quanto mais numerosa a plateia, maior o número provável de vendas, não importa qual seja o seu setor de atuação ou o produto/serviço que você venda. Quanto mais pessoas assistirem à sua apresentação de vendas, mais chances você tem de vender.

Holly, vendedora de uma das maiores livrarias de Melbourne, contou-me como, depois de entender esse ponto, conseguiu mudar-se da "Ladeira do Esforço", para a "Rua do Bom Sucesso", em um curto espaço de tempo: "Eu tinha o hábito de esperar que as pessoas viessem a mim com suas dúvidas. Quando isso acontecia, eu as ajudava com toda a boa vontade, acreditando assim estar prestando o máximo de bons serviços. Até que meu namorado, que tinha assistido a um dos seus seminários, mencionou a possibilidade de me adiantar e efetuar mais vendas. Então, comecei a tomar a iniciativa de me aproximar mais dos clientes e fiquei impressionada, porque muitos deles não sabiam o que procuravam. Depois que lhes oferecia algumas informações, sempre acabavam comprando, pois se sentiam seguros para decidir. Atualmente, não hesito em me dirigir diretamente aos clientes e oferecer os meus préstimos. Muitas pessoas inicialmente respondem com surpresa, dizendo que estão só olhando, mas me procuram depois de algum tempo na loja."

VOCÊ TEM DE CHEGAR NOS CLIENTES

Qualquer que seja o seu campo de atuação, use o exemplo de Holly para melhorar o desempenho. Observe a sua posição e veja como você pode adaptar essa técnica.

- Se atua em telemarketing, aumente em dez telefonemas o seu número de contatos diários a partir de hoje.
- Se trabalha em uma loja de venda a varejo, cuide para que nenhum comprador em potencial fique esperando para ser atendido, ainda que esteja servindo a outra pessoa no momento. Um sorriso e um gentil sinal de que sua presença foi notada fazem o cliente mais exigente sentir-se à vontade, mais disposto a aguardar até que você termine o atendimento que havia começado.

- Se vende carros, aprenda com a história da Holly e certifique-se de que cada cliente, embora pense que sabe tudo o que quer, perceba que você está por perto, caso precise de ajuda.
- Se você é bombeiro hidráulico, ofereça os seus serviços diariamente a novos clientes.
- Se é um profissional que presta serviços em residências, como limpar vidraças, faxinar, cuidar de jardins ou piscinas, bata na porta dos vizinhos dos seus atuais clientes e informe que vem trabalhando na manutenção da casa dos Harrison há três anos, todas as sextas-feiras. Sugira que poderia limpar a casa deles no mesmo dia da semana, antes ou depois da dos Harrison, caso se interessem. (Atenção: antes, seria importante checar se os Harrison estão de acordo. Para manter a privacidade, eles podem não querer que você trabalhe para outras pessoas na mesma rua. Por outro lado, provavelmente não se importarão em telefonar aos vizinhos dizendo o quanto o seu trabalho é bom. As pessoas são diferentes, e é conveniente não desrespeitar a privacidade alheia – uma das regras sagradas nos negócios.)
- Se possui um restaurante, assegure-se de que os passantes se sintam confortáveis para entrar e que saibam quando a casa estará aberta e fechada. Muitos restaurantes parecem fazer segredo do seu horário de funcionamento, quando deveriam anunciá-lo aos quatro ventos.
- Se trabalha com corretagem de imóveis, ponha mais um anúncio de "aberto para visitas", todos os dias.
- Se a sua área é o Direito, leia os jornais diariamente (não somente as publicações especializadas) e veja se há alguém que pode precisar dos seus serviços.
- Se atua na área da Contabilidade, telefone a cada dia para uma empresa do seu setor e pergunte ao dono se está satisfeito com seu atual contador.

O MAIS EMPREENDEDOR VERSUS O MAIOR INVENTOR DE DESCULPAS

O bebedouro exerce grande atração sobre os vendedores de fraco desempenho, que vão até lá com a intenção de ficar a par dos mais recentes mexericos – o que, na realidade, é apenas uma desculpa para não estarem focados no trabalho. Tal situação acontece em organizações no mundo inteiro, com sérias consequências sobre a produtividade.

Enquanto os melhores vendedores se dedicam a organizar o dia, os inventores de desculpas se ocupam em tomar mais um cafezinho. Enquanto os melhores vendedores telefonam para clientes em perspectiva, os inventores de desculpas preveem que a desaceleração do mercado os impedirá de alcançar as metas estabelecidas. Em qual dos dois perfis você se encaixa? No do mais empreendedor ou no do maior inventor de desculpas? Confira na tabela seguinte.

O MAIS EMPREENDEDOR	O MAIOR INVENTOR DE DESCULPAS
Começa cedo a planejar o dia.	Planeja outra xícara de café.
Faz perguntas.	Faz afirmações.
Ouve.	Fala sem parar.
Administra as objeções.	Discute com os clientes.
Retorna telefonemas e e-mails o mais depressa possível.	Demora vários dias para retornar telefonemas e e-mails, sempre com a desculpa de estar "muito ocupado".
Vai plantando pelo caminho as sementes de futuros negócios.	Espera que tudo aconteça no dia seguinte.
Mantém suas roupas impecáveis.	Passa meses sem mandar as roupas para a lavanderia.
Elogia os colegas e dá conselhos visando ao crescimento profissional.	Tenta desmerecer os colegas bem-sucedidos.
Elogia a empresa para os possíveis clientes.	Prevê um futuro difícil para a empresa.

O MAIS EMPREENDEDOR	O MAIOR INVENTOR DE DESCULPAS
Oferece feedback positivo quando a administração toma iniciativas acertadas.	Encontra falhas em tudo que a administração faz
Mantém o carro da empresa em perfeito estado.	Negligencia os cuidados com o carro da empresa – afinal, não é dele, por que deveria cuidar?
Aproveita as folgas para relaxar.	Passa todos os fins de semana sentado diante da televisão.

Você teve a impressão de que o mais empreendedor e o maior inventor de desculpas vivem em mundos totalmente distintos? Pois é isso mesmo. Um mantém os olhos no sucesso e as mãos firmemente colocadas no volante da vida, isto é, procura meios de alcançar um sucesso cada vez maior. O outro tem os olhos fixos no espelho retrovisor, isto é, observa o passado e se pergunta o porquê de tantos obstáculos em seu caminho.

Exatamente como se estivesse dirigindo um carro, tão logo você tira os olhos do espelho retrovisor e segura o volante com firmeza, consegue evitar os obstáculos que surgem à sua frente. E então, como o mais bem-sucedido dos vendedores, você pisa firme no acelerador e vai em frente, rumo ao seu destino – ser o melhor profissional de vendas possível.

Parte 4

RELACIONAMENTOS

Capítulo 14

CRIANDO UMA RELAÇÃO HARMONIOSA

> O EXERCÍCIO APAIXONADO DA SOLIDARIEDADE GERA UMA VIDA MUITO MAIS RICA.
>
> **William H. Danforth**

NESTE CAPÍTULO

- Em vez daquele bate-papo despretensioso, tão importante para o desenvolvimento de uma relação harmoniosa, ele passou diretamente às informações sobre seus serviços, inclusive mencionando o quanto eram fantásticos. Notava-se claramente a expressão de horror no rosto de Charlie.

Na terceira parte, eu falei sobre a importância das indicações e como são capazes de elevar o nível de qualidade e desempenho dos negócios. Para oferecer indicações pessoalmente, gosto de marcar um almoço ou jantar em restaurante, onde o próprio ambiente facilita a evolução dos acontecimentos. Veja só: as pessoas chegam, são levadas até a mesa e, depois dos cumprimentos e trocas de gentilezas de praxe, acomodam-se. É então que começa a movimentação da equipe da casa, que recolhe os casacos, oferece aperitivos e indica os pratos especiais. Tudo isso pode parecer óbvio, mas são pequenas formalidades essenciais, em especial quando se trata de um encontro de negócios. O motivo, em poucas palavras, é a criação de uma atmosfera harmoniosa.

Pode-se dizer que atmosfera harmoniosa é aquela em que as pessoas se sentem confortáveis, e é importante que seja criada o mais rapidamente possível. Se você não tiver facilidade em conseguir isso, o encontro em um restaurante pode ser de grande ajuda, pois todas aquelas formalidades e movimentação em torno dos clientes acabam fazendo com que todos se sintam cuidados.

O ENCONTRO QUE FOI UM DESASTRE

Miles, um dos meus clientes, certa vez pediu-me que o apresentasse a outro cliente, Charlie. Ele pediu que eu providenciasse o encontro e cuidasse para que tudo saísse da melhor forma possível. Sugeri um almoço ou jantar em um restaurante, mas Charlie tinha viagem marcada para o exterior e preferiu receber-nos em seu escritório. Foi um erro.

Dizer que o encontro foi um desastre é pouco, pois, embora Miles seja bom naquilo que faz, não é o melhor vendedor do mundo. Em vez daquele bate-papo despretensioso, tão importante para o desenvolvimento de uma relação harmoniosa, ele passou diretamente às informações sobre seus serviços, inclusive mencionando o quanto eram fantásticos. Notava-se claramente a expressão de horror no rosto de Charlie. Ele estava desagradavelmente surpreso e queria livrar-se da situação. Eu percebia isso muito bem, mas Miles não. Cada vez mais tenso, Charlie acabou dando o encontro por encerrado, usando como desculpa outro compromisso já agendado. Ficou de examinar a proposta de Miles e retornar mais tarde.

Enquanto eu notava a atitude de recuo de Charlie, Miles continuava em total inocência. Tudo pela falta de um ambiente de harmonia e entendimento.

TUDO PODERIA TER SAÍDO MELHOR

Assim como a equipe do restaurante acomoda os clientes no bar, oferecendo alguma bebida antes do jantar ou os pratos do dia para o almoço, Miles deveria ter comentado o fato de, assim como Charlie, conhecer o meu trabalho e como seus funcionários haviam participado de meus seminários por toda a Austrália. Dessa forma, Charlie poderia ter dito que o mesmo havia acontecido com seus funcionários há dois anos. Daí, com certeza, uma conversa agradável sobre negócios fluiria, e uma atmosfera de harmonia e entendimento se estabeleceria sem que ambos percebessem.

FALE DE QUALQUER COISA, MENOS DO TEMPO

Com estranhos, falamos do tempo – se vai chover ou se vai fazer sol –, mas clientes pertencem a outro grupo. E você não vai querer que eles se sintam tratados como estranhos, vai? A melhor maneira de fazê-los sentirem-se especiais é deixá-los à vontade e existe um meio ótimo para isso: procure estar a par das últimas notícias, em especial de negócios e esportes. Assim, ao chegar para a reunião, poderá fazer comentários que favoreçam um ambiente de harmonia e entendimento.

Digamos que, ao entrar no escritório de um cliente em perspectiva, você perceba uma fotografia da família tirada na Disneylândia. Um dos seus primeiros comentários poderia ser: "Oh, Mike, vejo que esteve na Disneylândia!" Ou, então, se ao entrar no escritório de um novo cliente, você vê uma camisa da equipe de rúgbi dos Australian Wallabies, a conversa pode seguir o rumo do esporte.

USE DE SINCERIDADE

Todos os seus comentários devem ser sinceros. É fácil descobrir quando alguém age com falsidade, portanto cuidado. Eu me lembro de um almoço em homenagem a um grande homem de negócios. Sentia-me privilegiado de sentar à sua mesa, pois ele tinha histórias ótimas para contar, que prendiam a atenção de todos. Um dos participantes, certamente querendo se fazer notar, contou ao homenageado o quanto apreciara seu último livro, que tinha lido de ponta a ponta durante um voo entre Perth e Sydney. Surpreso com a declaração, o autor perguntou ao "exibido" o que achava de uma determinada história, que seria inesquecível para qualquer leitor. A pergunta criou um daqueles momentos de tensão frequentemente vistos em filmes, mas raramente na vida real (ainda bem...). O convidado disfarçou, dizendo como a história fora bem construída e o quanto havia aprendido com ela. Ninguém se deixou convencer pela resposta, muito menos o homenageado, que lançou ao outro um olhar vago e agradeceu. Todos perceberam que a conversa não passara de uma tentativa de bajular e atrair atenção. Nem é preciso dizer que a atitude rendeu mais perdas do que ganhos – não só em relação ao grande homem de negócios, como também em relação a todos que participavam do almoço.

Capítulo 15

MANEIRAS FÁCEIS DE ESTABELECER RELAÇÕES HARMONIOSAS RAPIDAMENTE

> O SUCESSO DE UM INDIVÍDUO NO RELACIONAMENTO COM OUTROS É O PADRÃO DE MEDIDA DO TRABALHO DE TODA UMA VIDA.
>
> **Dr. Paul Parker**

NESTE CAPÍTULO

- Assim como desviar o olhar ou não encarar seu cliente prejudica as relações harmoniosas com ele, um olhar firme desperta confiança e respeito.

Aqui estão algumas atitudes que, conforme aprendi por experiência própria, contribuem para uma atmosfera de harmoniosa:

1. SEMPRE ACEITE CAFÉ, CHÁ OU ÁGUA

No início da carreira, eu sempre recusava oferecimentos de café, chá ou água, com receio de incomodar a pessoa que fora visitar. Até perceber que, com aquela atitude, sempre começava a conversa com um "não". Parece uma coisa sem importância, mas pode ter um grande impacto. Quando lhe oferecerem café, chá ou água, sempre aceite e agradeça. Se o oferecimento for feito ainda na sala de espera, agradeça e diga que prefere deixar para quando estiver na reunião. Ao entrar na sala do seu cliente, se ele for tomar um café, tome também, no entanto, se ele disser que não quer nada, geralmente é melhor recusar também.

2. VISTA-SE ADEQUADAMENTE

Já reparou que os políticos, quando entrevistados para programas de televisão nos fins de semana, sempre aparecem com roupas informais? É porque fazem questão de mostrar aos eleitores que têm uma vida além da política. Se isso é verdade, não vem ao caso. O importante é convencer o público – seu eleitorado em especial – de que eles, de fato, têm uma vida pessoal e de que são pessoas felizes e equilibradas. Em todo treinamento que recebem, de modo a passar para a mídia uma imagem positiva, a regra número um é: "Vista-se de acordo com a ocasião." Não pretendo sugerir que compre um guarda-roupa inteiramente novo, mas vai ver que as coisas saem muito melhor quando você se apresenta da maneira mais adequada possível.

No ano passado, fui encarregado de abrir uma conferência no Sheraton Mirage Port Douglas, em que compareceram centenas de funcionários de uma organização. Já estive em Port Douglas várias vezes e sei que a melhor maneira de parecer deslocado naquele paraíso tropical seria apresentar-me em um terno escuro. Assim, decidi usar calças de cor creme e camisa azul de mangas curtas. Quando subi ao palco, percebi que toda a plateia usava camisas de gola polo com o logotipo da empresa. O palestrante que falou depois de mim não teve qualquer chance. Vestido como quem acabara de sair de uma reunião da Bolsa de Valores de Melbourne, ele perdeu a atenção dos ouvintes antes mesmo de abrir a boca.

O uso de roupas inadequadas no ambiente de trabalho não é diferente do que aconteceu ao palestrante que "morreu" no palco. O seu "palco" é o seu local de trabalho, seja ele um escritório, uma fábrica ou uma loja. Roupas inadequadas podem afastar a "plateia", exatamente como aconteceu ao sujeito de Port Douglas.

3. SAIBA QUE, ÀS VEZES, AS PESSOAS FALAM BOBAGENS

Como palestrante, sei que as pessoas na plateia estão meio nervosas, às vezes podem parecer agressivas e dizer tolices. Acredito que não tenham a intenção de ser rudes, simplesmente estão preocupadas em se sentir constrangidas de algum modo durante a minha apresentação, e aquele é seu jeito de lidar com isso. De certa maneira, a posição do palestrante é a mesma da do profissional de vendas. Os clientes em potencial preocupam-se em ser obrigados a comprar algo que não desejam. Portanto, se um deles disser algo como "Tenho outro compromisso daqui a 15 minutos", o verdadeiro significado é: "Tenho uma saída pronta, não banque o espertinho." Esse é o momento de manter a calma. Não dê uma resposta sarcástica nem apresse a apresentação.

4. MANTENHA OLHO NO OLHO

Você já deve ter ouvido dizer que "os olhos são as janelas da alma". Quando você desvia o olhar, em vez de manter os olhos fixos no cliente, faz com que ele, subconscientemente, desconfie que há algo errado – ou você não está dizendo a verdade, ou não acredita no que vende. Assim como desviar o olhar ou não encarar seu cliente prejudica as relações harmoniosas com ele, um olhar firme desperta confiança e respeito. Alguns vendedores se queixam comigo de que não sabem para onde olhar enquanto conversam com o cliente. É fácil. Simplesmente focalize o espaço entre os olhos do cliente, bem acima do nariz. Assim, você vai relaxar e fazer contato ao mesmo tempo.

5. DESTAQUE-SE DA MULTIDÃO... OUVINDO!

Parece simples, mas você se surpreenderia ao saber quantas vezes os vendedores se empolgam de tal forma com seus produtos que se esquecem de procurar saber quais são as necessidades do cliente. E, para saber que necessidades são essas, é preciso aprender a ouvir – e bem. No seu próximo encontro com um cliente em potencial, repare em quem fala mais. Se for você, parabéns! – acaba de descobrir uma das principais barreiras para o sucesso. Não pense que existe uma fórmula mágica para aprender a ouvir. Simplesmente comece a praticar, com amigos, parentes ou vizinhos. Como diz o velho ditado: "A prática leva à perfeição."

Capítulo 16

SIGA A SUA INTUIÇÃO

> Os empreendedores não ficam esperando sentados que as coisas aconteçam. Eles fazem as coisas acontecerem.
>
> **Victor Kiam**

NESTE CAPÍTULO

- Os primeiros 10% de uma entrevista determinam os outros 90%.

Em meus seminários, uma das perguntas mais frequentes é: "Como saber se o cliente vai prosseguir com a negociação e efetuar a compra?" A plateia, em geral, se surpreende com minha resposta, já que sua expectativa é ouvir uma resposta detalhada. No entanto, o que digo é: "Confie na sua intuição."

É difícil explicar o que constitui a intuição. Se fosse fazer uma comparação, diria que é semelhante ao que acontece quando, durante uma conversa, você sabe o que a outra pessoa vai dizer, antes mesmo que ela comece a falar. Há uma espécie de sintonia de pensamento, como se ambas estivessem no mesmo comprimento de onda.

AO CONTRATAR, CONFIE NA SUA INTUIÇÃO

Mark McCormack é fundador e diretor administrativo da IMG, a empresa que administra as carreiras de indivíduos ligados ao esporte, representando Tiger Woods, entre outros. McCormack acredita que testes psicológicos e avaliações da personalidade são superestimados em detrimento da intuição, quando se trata de contratar funcionários. Por experiência própria, praticamente todos os funcionários que não renderam o esperado haviam alcançado um conceito excelente nos testes, mas um de seus executivos, ou ele mesmo, teve uma espécie de intuição de que algo daria errado. Eles seguiram os resultados dos testes, mesmo não se sentindo à vontade para contratar os candidatos. Segundo ele, é fácil colocar a culpa no teste sempre que a contratação se revela um equívoco.

Na época em que precisei contratar um funcionário de importância decisiva para minha organização – um assessor pessoal – eu estava no meio da leitura de um dos brilhantes livros de McCormack. Em resposta a um anúncio veiculado nacionalmente, recebi mais de 300 currículos de candidatos com experiência pessoal e profissional em vários setores. Muitos se desqualificaram de saída devido à má elaboração do currículo. Os que mais me impressionaram foram reunidos em um grupo que chamei de "finalistas". Depois de uma série de entrevistas, estava cheio de dúvidas e cheguei a perder noites de sono pensando em qual candidato escolher. Foi quando me veio à mente o conselho de McCormack: esquecer o que diziam os candidatos e perguntar a mim mesmo o que eu sentia a respeito deles.

MINHA INTUIÇÃO ESTAVA ABSOLUTAMENTE CERTA

Assim como acontece em todas as situações, algumas pessoas não se saem bem. Fiquei surpreso com a reação de algumas, ao saberem que não haviam sido aprovadas. Pensei que, ao menos aparentemente, receberiam a notícia de maneira profissional, nem que fosse para me fazer pensar ter tomado a decisão errada.

Fui apanhado de surpresa pela reação de dois candidatos em especial. Como sabia que, em alguns meses, precisaria de dois novos funcionários, pretendia oferecer-lhes as vagas, mas decidi não fazer isso durante o telefonema no qual informei que não haviam sido escolhidos, pois queria ver como reagiriam ao desapontamento e esperar que se oferecessem para outra oportunidade.

Em vez disso, um deles me enviou um e-mail malcriado, em que me acusava, bem como aos meus consultores, de haver lhe negado a chance de uma entrevista. E a mensagem do outro, que havia passado por várias entrevistas e chegado ao grupo de "finalistas", dizia que, se ele não era considerado suficientemente bom para atuar como assessor pessoal, também não serviria para qualquer outra função na empresa. Aquelas respostas tão pouco profissionais reforçaram minha decisão de acreditar mais na minha intuição do que na segurança e experiência que aqueles candidatos afirmavam poder trazer aos meus negócios.

Certa vez, ouvi dizer que os primeiros 10% de uma entrevista determinam os outros 90%, ou seja: a primeira impressão costuma ser a certa. Confie mais na sua intuição. Você não vai se decepcionar.

PARTE 5

SOMOS TODOS DIFERENTES

CAPÍTULO 17

OS QUATRO TIPOS DE PERSONALIDADE

> ELE GOSTAVA DE GOSTAR DAS PESSOAS, POR ISSO AS PESSOAS GOSTAVAM DELE.
>
> **Mark Twain**

NESTE CAPÍTULO

- Os pensadores são metódicos e adoram estatísticas. A tendência de verificar as coisas é uma característica comum a todos eles. Nada é checado menos de três vezes!

Muitos vendedores repetem os mesmos argumentos, sem reparar no cliente que têm diante de si. O que aconteceria aos seus negócios se você pudesse se adaptar rapidamente ao comprador em potencial? Certamente alcançariam um sucesso jamais esperado. E o segredo é: compreender os diferentes tipos de personalidade.

Em um mundo ideal, todos gostaríamos de saber que tipo de cliente vamos encontrar amanhã ou qual a personalidade do comprador que vai entrar na loja daqui a pouco. Mas a realidade (e o encanto) da vida está em somente sabermos como uma pessoa é quando a temos diante de nós.

Há muito, existem teorias sobre os tipos de personalidade, e os psicólogos adotam as versões e a nomenclatura com que mais se identificam. O que pretendo fazer é abordar, em linguagem simples, os tipos de personalidade, em vez de bombardear você com "psicologismos" e possivelmente acabar com a sua intenção de aprender uma técnica tão importante.

Antes de tratarmos de cada tipo de personalidade, vamos deixar claro que nem todo mundo se encaixa perfeitamente em um deles, assim como acontece com a interpretação da linguagem corporal: nem todos os que cruzam os braços estão demonstrando uma atitude negativa. Alguns indivíduos apresentam características dos quatro tipos. Com a prática, você será capaz de identificar o tipo dominante.

TIPO 1 – O PENSADOR

Como o nome sugere, o Pensador se dedica a analisar tudo o que passa diante de seus olhos. Ele não gosta de fazer papel de bobo e se interessa mais pelos detalhes do que pelo panorama geral.

Os pensadores são metódicos e adoram estatísticas. A tendência de verificar as coisas é uma característica comum a todos eles. Nada é checado menos de três vezes!

Como se prendem a detalhes e fatos, pouco se interessam pelo que outros clientes possam pensar de você como pessoa; querem saber o que você fez por eles e a quantia exata que conseguiram ganhar ou economizar. Detalhes, detalhes e mais detalhes são a marca registrada do Pensador.

TIPO 2 – O SOCIALIZADOR

Nenhum outro tipo poderia ser mais diferente do Pensador do que este. O Socializador se identifica pelo gosto com que executa tarefas que envolvam gente. Ele procura fazer com que seu mundo tenha o máximo possível de situações sociais e gosta de mostrar suas realizações. A indústria do entretenimento, a mídia e o setor de relações públicas estão repletos de Socializadores, pois oferecem a eles oportunidade de exercitar seus "músculos sociais", enquanto exercem uma atividade prazerosa.

O ponto fraco do Socializador é sua falta de atenção a detalhes. Em sua maioria, meus clientes Socializadores mais bem-sucedidos têm um assessor detalhista, talvez do tipo Pensador. Aqueles que contratam assessores com uma personalidade semelhante à deles sempre enfrentam problemas, pois os detalhes passam despercebidos a ambos. Isso também vale para relacionamentos pessoais, especialmente entre casais. Em geral, o parceiro de personalidade socializadora (que adora festas!) atrai subconscientemente pessoas mais conservadoras, que o "controlam". O Socializador, por sua vez, faz o parceiro relaxar um pouco.

TIPO 3 – O DIRETOR

Este tipo de personalidade é, de longe, o mais agressivo dos quatro. O Diretor, em geral, toma a frente dos negócios, pois gosta de controlar tudo e quer que todos façam o que ele manda. Os diretores se sentem bem no controle da situação. Pense nisso, quando estiver vendendo para um deles.

TIPO 4 – O RELACIONADOR

A pessoa que tem este tipo de personalidade procura se relacionar bem com todos e não deixa o barco adernar. Gosta de ser visto como "um sujeito legal" e por isso rejeita qualquer proposta que possa provocar mal-estar entre os colegas. O Relacionador sempre procura preservar os relacionamentos; daí se sentir atraído por funções que envolvam recursos humanos, treinamento e ensino.

O Relacionador agarra todas as oportunidades de melhorar sua reputação entre os colegas. Seu sistema de crenças gira em torno da ideia "juntos, conseguimos muito mais", o que o leva a fazer de tudo para manter a paz, tanto em casa quanto no ambiente profissional.

NÃO LEVE TUDO AO PÉ DA LETRA!

Por mais que eu esteja empenhado em melhorar a sua atuação em vendas, a última coisa que quero é ver você classificar todos os clientes conforme minhas descrições. Sem diminuir a importância da técnica do reconhecimento dos tipos de personalidade, não pretendo que você "desligue o cérebro", transformando-se em uma pessoa programada que sai por aí repetindo: "Paul Hanna disse isso" ou "Paul Hanna disse aquilo". Pense e tire as próprias conclusões acerca da técnica.

Aconteceu um fato muito engraçado que confirma o que digo. Owen, um dos meus clientes, assistiu a uma palestra em que o orador falou sobre a arte de decifrar a linguagem corporal. Acredito que o orador tenha se esquecido de mencionar que, às vezes, o ato de cruzar os braços não significa uma atitude negativa, mas que o indivíduo se sente mais confortável em tal posição. Eu estava assistindo a Owen fazer a apresentação de seu produto a um cliente, que, de repente, cruzou os braços. Lembrando-se do que ouvira na palestra, Owen interrompeu o que dizia e perguntou o que tinha acontecido

Com a pergunta de Owen, o ambiente foi tomado por um certo desconforto. O cliente, surpreso, devolveu a pergunta e deu um jeito de encerrar a conversa.

Embora seja conveniente uma boa preparação, não leve tudo ao pé da letra ou estará se arriscando a perder clientes, como aconteceu com Owen.

Capítulo 18

COMO APLICAR SEU CONHECIMENTO DE TIPOS DE PERSONALIDADE ÀS VENDAS

> Não aprendemos a conhecer as pessoas esperando que venham a nós. Para descobrir que tipo de pessoas são, devemos ir a elas.
>
> **Goethe**

NESTE CAPÍTULO

- O Diretor alcançou sua posição com agressividade, desafiando qualquer um que obstruísse seu caminho.

Estude atentamente os quatro tipos de personalidade apresentados no capítulo 17. Depois, pense nas alterações que poderia fazer no seu estilo de apresentação para se adaptar a cada um deles. Essa habilidade vai melhorar muito o seu desempenho em vendas.

Recorrendo mais uma vez à antiga máxima de que "a prática leva à perfeição", não se assuste caso não consiga, de início, identificar o tipo de personalidade do cliente. Se tiver de lhe fazer uma nova visita, porque não conseguiu determinar o "tipo" de personalidade da primeira vez e, portanto, sua apresentação não foi adequada, é apenas porque você ainda não está familiarizado com os quatro tipos de personalidade. Nesse caso, sugiro uma apresentação que se adapte aos quatro tipos, tendendo, porém, para aquele que a sua intuição indicar.

TRABALHANDO COM O PENSADOR

Faça uma revisão na sua apresentação e verifique se é isso que um Pensador gostaria de ouvir. Não haverá muita "visão geral" e muitos projetos a longo prazo, deixando de lado o aqui e agora? Quando vendo meus seminários para um Pensador, por exemplo, sei que ele quer ser informado de tudo, desde o custo total até o número de biscoitos necessários para acompanhar o chá. Se eu fizer um comentário por alto, do tipo "vamos ter um intervalo de 15 minutos na parte da manhã", a primeira coisa que vem à mente do Pensador é uma objeção: "Ei, calma aí, quanto isso vai custar?"

Quando converso com um Pensador, antecipo-me a esse tipo de objeção e menciono as diferentes versões possíveis para o intervalo da manhã. Não quero dizer com isso que os pensadores sejam mesquinhos; eles apenas querem se sentir no controle da situação. Assim, ao discutir com um deles o conteúdo do seminário, ofereço várias opções, e meus conselhos são, em geral, aceitos. Se você colocar todas as opções para o Pensador, ele saberá que está no comando da situação. O Pensador gosta de ter controle total e de lidar com profissionais que se atenham aos fatos. Nada de conversa fiada nem comentários genéricos – apenas uma apresentação detalhada dos fatos.

TRABALHANDO COM O SOCIALIZADOR

Se pretende vender para um Socializador, o ponto de partida lógico é uma conversa positiva, recheada de elogios. Não se trata de manipulação, mas, assim como a sua iniciativa de venda a um Pensador deve incluir muitos fatos e detalhes, com o Socializador a tendência é para o entusiasmo e a "aventura". O Socializador é uma pessoa positiva em tempo integral. Elogios são sempre bem-vindos e, se todos ficarem sabendo de seus sucessos, melhor ainda. Se você conseguir tocá-lo nos pontos certos, a venda estará garantida.

Quando faço negócios com um Socializador, uma das primeiras coisas que procuro saber é quem vai cuidar dos detalhes. Em 99% dos casos, a tarefa cabe ao assessor. Então, assumo o compromisso de registrar tudo o que for combinado e entrar em contato com ele, para agilizar os procedimentos. Ao ouvir isso, o Socializador costuma dar um suspiro de alívio (ao menos mentalmente) e mostrar o sinal verde para a concretização do negócio.

TRABALHANDO COM O DIRETOR

O que o Diretor mais detesta é reconhecer não ser ele o autor de uma grande ideia, portanto, quando estiver diante de um comprador em potencial com personalidade do tipo Diretor, estruture a apresentação de modo que ele assuma o comando. Em outras palavras: deixe que ele passe ao estágio seguinte por decisão própria, sem ser pressionado. Ao menor sinal de pressão, o Diretor escapa, com o aviso curto e direto de que tem outro compromisso daí a dois minutos. Esta é sua maneira de advertir: "Não pense que pode me dizer o que fazer!"

O Diretor alcançou sua posição com agressividade, desafiando qualquer um que obstruísse seu caminho. Portanto prepare-se para, durante a sua apresentação, receber uma saraivada de perguntas incisivas, com as quais ele pretende se certificar de estar fazendo um bom negócio. Um vendedor que não conheça os tipos de personalidade talvez se incomode com uma situação dessas e considere um abuso a atitude do potencial cliente. Mas não é abuso – é venda! Mais especificamente, é o tipo de personalidade do Diretor.

Quer atrair a atenção de um Diretor? Elabore a sua apresentação em torno de liderança e realização, deixando de lado os detalhes e os aspectos menos importantes.

TRABALHANDO COM O RELACIONADOR

O problema que muitos vendedores enfrentam ao lidar com um Relacionador é a dificuldade que ele tem em dizer "não" a uma proposta. E pior: não faz objeções. Quando estiver diante de um Relacionador, estruture a sua apresentação de modo a conseguir aprovação passo a passo, senão, quando acreditar que está tudo resolvido, pode descobrir que ele quer pensar mais um pouco... Mas não é culpa dele, trata-se de um Relacionador – e agora você já sabe disso.

CAPÍTULO 19

"SIM" E "NÃO" PARA CADA TIPO DE PERSONALIDADE

QUE MILAGRE MARAVILHOSO SERIA PODERMOS ENXERGAR COM OS OLHOS DOS OUTROS POR UM INSTANTE.

Thoreau

NESTE CAPÍTULO

- Assegure ao Socializador que vai cuidar de todos os detalhes – e se certifique de descobrir quem vai tratar de cada um deles.

Eis aqui um roteiro para lidar com cada um dos quatro tipos de personalidade:

O PENSADOR

SIM

- Vá direto ao ponto.
- Apresente o máximo de detalhes possível e forneça estatísticas e números.
- Deixe-o conduzir a conversa.
- Atenha-se aos fatos.

NÃO

- Faça rodeios nem deixe os pontos mais difíceis para o fim.
- Insista no "panorama geral".
- Diga a ele o que fazer.
- Fale sobre o que os funcionários da empresa irão pensar sobre ele.

O SOCIALIZADOR

SIM

- Envolva-o ao máximo na sua proposta.
- Adote uma atitude positiva e se mantenha longe de detalhes e aspectos negativos.
- Assegure que vai cuidar de todos os detalhes – e se certifique de descobrir quem vai tratar de cada um deles.
- Fale da boa reputação que ele vai conquistar.
- Desperte nele o entusiasmo pela sua proposta e fale dos enormes benefícios resultantes da utilização do seu produto ou serviço.

NÃO

- Exalte demais o seu produto ou serviço.
- Venda o produto, exatamente, mas o que ele traz de bom.
- Forneça detalhes – o Socializador quer saber da parte mais divertida.
- Deixe de elogiar, elogiar, elogiar.
- Faça referência ao trabalho árduo necessário à entrega do produto ou serviço.

O DIRETOR

SIM

- Apresente os fatos rapidamente e deixe-o livre para decidir.
- Permita ao Diretor conduzir a negociação, fazendo perguntas que ele seja capaz de administrar.
- Deixe que o Diretor diga a todos que a ideia foi dele.
- Demonstre que, com a compra do seu produto ou serviço, ele terá a liderança fortalecida.

NÃO

- Tome a atitude agressiva do Diretor como uma ofensa pessoal – ele só quer fazer um bom negócio.
- Tente conduzi-lo.
- Lembre a ele que a ideia foi sua.
- Insista nos aspectos menos importantes.

O RELACIONADOR

SIM

- Enfatize a importância da compra do seu produto ou serviço para que ele caia nas boas graças de todos na organização, em especial daqueles a quem se reporta diretamente.

- Atenue os aspectos negativos – o Relacionador não quer saber deles.
- Construa a sua mensagem de venda em torno do trabalho de equipe e da máxima "Estamos todos no mesmo barco".
- Use o tato ao fazer perguntas sobre objeções ou problemas e não insista neles – os Relacionadores têm dificuldade em tratar desses assuntos.

NÃO

- Especifique para o Relacionador todos os detalhes do seu produto ou serviço.
- Lembre os aspectos negativos.
- Enfoque lucros e resultados.
- Seja muito agressivo.

Parte 6

O PODER DA IMAGEM

Capítulo 20

ESTOU BEM ASSIM?

> Um mínimo de imagem equivale ao máximo de desempenho.
>
> **Autor desconhecido**

NESTE CAPÍTULO

- Quando está em uma festa, você tem objetivos muito diferentes daqueles que persegue na sala da diretoria.

No mundo dos negócios, a imagem é muito importante. Um carro que impressiona sua família e amigos pode ser considerado "demais" pelos clientes. Uma saia vista como "estilosa" para uma saída na sexta-feira à noite, talvez custe um contrato com o cliente, caso ele tenha a impressão de não estar sendo levado a sério. Muitos funcionários vão para o trabalho usando todo dia a mesma gravata, o mesmo terno, os mesmos sapatos e até a mesma camisa – e pensam que os outros não notam!

Imagem é uma questão muito delicada, porque toca a essência das pessoas. Basicamente, o estilo de roupa que o indivíduo usa é o reflexo de como se vê. Portanto, criticar sua roupa (ou o carro, ou a casa) é fazer uma crítica pessoal.

Existem consultores especializados em aconselhar as pessoas sobre o que vestir para ir ao escritório, a um torneio de tênis da empresa ou a um jantar formal com os chefes ou os sócios. Quer saber se acho importante o trabalho desses consultores? Acho, sim, com certeza. É inacreditável como algumas pessoas se vestem mal para trabalhar ou assistir a uma conferência – e ainda querem ser levadas a sério pela administração!

CUIDANDO DA IMAGEM

Aqui estão algumas sugestões que podem fazer a diferença entre o sucesso e o fracasso na sua carreira de vendas. Claro que a decisão final é sua, mas estas indicações ajudam a causar uma boa impressão.

1. A GRAVATA E A BLUSA

No ambiente de trabalho, gravatas com estampas de personagens de desenhos animados para os homens e blusas muito decotadas para as mulheres estão fora de cogitação. Eu costumava me referir às gravatas como uma espécie de brincadeira – até que reparei vários homens na plateia com algumas realmente espalhafatosas, estampadas com todos os tipos de personagens em cores vivas. Em setores onde reina a criatividade – a publicidade, por exemplo –, tais acessórios são admissíveis, mas, se não for esse o seu caso, entre em uma loja de roupas masculinas o quanto antes e compre algo mais profissional e mais adequado.

2. O PERFUME

Esta sugestão realmente pode representar a diferença entre sucesso e fracasso. O perfume que você usa no sábado à noite para namorar ou sair com amigos não serve necessariamente para o ambiente profissional. Quando está em uma festa, você tem objetivos muito diferentes daqueles que persegue na sala da diretoria. Assim como a gravata espalhafatosa, um perfume forte demais pode transmitir uma mensagem falsa ao cliente ou à plateia, em especial se você pretende ver o seu trabalho levado a sério. Experimente vários perfumes até encontrar o mais adequado. Você saberá qual é pelos elogios recebidos de homens e mulheres, tanto em ocasiões sociais quanto no ambiente profissional.

3. CORES E TOQUES DE TELEFONES CELULARES OU PAGERS

Como poderia um vendedor sobreviver sem telefone celular ou pager? Cuidado, porém. Se quiser ver o seu trabalho levado a sério, não vá sacar um celular de um amarelo vibrante em pleno intervalo de uma apresentação para a diretoria da empresa. Nem escolha como toque o tema do seu programa de televisão favorito ou uma gravação de Elvis Presley. Deixe os aparelhos coloridos, que refletem a sua personalidade, para os fins de semana. Os clientes desejam profissionalismo em tudo, e isso inclui a aparência e o som de telefones celulares e pagers.

4. CARRO BAGUNÇADO, CABEÇA BAGUNÇADA

Se, para vender, você precisa viajar constantemente, o seu carro vai acumular quilômetros percorridos e sujeira. Em qualquer cidade, é possível mandar lavar o carro por dentro e por fora, pagando um preço razoável por um bom trabalho. Faça isso uma vez por semana pelo menos. Além do mais, quase todos os serviços de lavagem contam com uma lanchonete e pode-se comer qualquer coisa sem perder o carro de vista.

5. INVISTA EM LAVAGEM A SECO

Embora eu corra o risco de parecer a sua mãe, devo enfatizar o quanto é importante manter impecáveis as suas roupas de trabalho. Seja homem ou mulher, não passe mais de duas semanas sem mandar a roupa ser lavada a seco. Sei que, a princípio, você pode achar que é uma despesa a mais, mas visitar o cliente vestindo uma roupa em mau estado pode custar muito mais caro.

6. RESPONDA IMEDIATAMENTE AOS SEUS E-MAILS

Muita gente julga que responder a um e-mail não é tão importante quanto retornar um telefonema. Mas o seu profissionalismo e a sua sinceridade serão julgados pela presteza com que responde aos e-mails. Um vendedor me contou que costumava responder somente à noite aos telefonemas e às mensagens que recebia pelo correio eletrônico – até que um de seus clientes disse claramente que deixaria de fazer negócios com ele, se continuasse assim, pois queria respostas imediatas. Quando o vendedor argumentou com a dificuldade de retornar ao escritório várias vezes durante o dia para verificar sua caixa de mensagens, o cliente falou: "Pois invista em um laptop, como fizeram todos os da minha equipe, ou entre em um cibercafé. Não é tão difícil."

7. CHEGUE NA HORA

Algo que certamente fará você começar mal é se atrasar para um encontro. Engarrafamento, voo atrasado, mau tempo, filho doente – o cliente já ouviu todas essas desculpas. Por uma questão de delicadeza, ele talvez diga que compreende, mas provavelmente não comprará o seu produto. Lembre-se: nunca é cedo demais, mas sempre pode ser tarde demais.

8. "COMO VAI?"

Um telefonema eventual para desejar um bom dia é sempre apreciado e um meio adequado de manter contato com o cliente. Todas as pesquisas demonstram que os vendedores, em sua maioria, depois de fechar negócio, passam ao cliente seguinte, esquecendo os anteriores. Sugiro que você dê mais uma olhada na seção sobre indicações, na terceira parte deste livro.

9. NÃO FINJA QUE SABE JOGAR

Embora aprecie o golfe, não sei jogar. No entanto, nunca recuso um convite para uma partida – avisando de antemão que nunca pratiquei – e é incrível como os clientes conseguem fazer com que eu me sinta à vontade. Um cliente sugeriu que eu fizesse as vezes de *caddy*, para tratarmos de negócios enquanto ele jogava. Depois, sugeriu que tomássemos uma cerveja no bar do clube após o jogo, onde poderia me apresentar a pelo menos dois conhecidos seus que poderiam contratar os meus serviços. Mas já vi muita gente fazer o contrário: fingir que sabe jogar. Eles tentam impressionar durante a partida, e todos comentam (pelas costas, é claro) que deveriam ter ficado no bar. Se alguém o convidar, seja para jogar ou assistir a uma partida de um esporte que não conhece, admita isso. Você vai se surpreender com o que pode acontecer a partir daí.

10. VEJA COMO FALA COM O ASSESSOR PESSOAL

Deixei esta sugestão por último, porque se refere a um dos mais graves erros cometidos por vendedores – eu mesmo o cometi no início da carreira. Pense bem: o assessor ou secretário fica instalado perto da porta da sala do cliente e ouve tudo o que se passa lá dentro. E vice-versa. Se o cliente perceber qualquer mal-estar entre você e o assessor, de que lado acha que ele vai ficar? Só o que o assessor tem a fazer é entrar na sala, no fim do dia, e comentar: "Aquele John Smith é um bocado insistente, não?"

Pronto. Lá se vai a venda. Por outro lado, ele pode dizer: "Sujeito legal, aquele John Smith. O que ele faz?"

Assim, o cliente vai ver John Smith por uma perspectiva mais favorável e, quando você se der conta, tem outra visita agendada e, muito provavelmente, A VENDA.

Capítulo 21

VENDA NÃO TEM SEXO, MAS SE ESQUECERAM DE AVISAR PARA ALGUNS VENDEDORES

> As pessoas não compram obedecendo a razões lógicas, mas a razões emocionais.
>
> **Zig Ziglar**

NESTE CAPÍTULO

- Então, o impensável aconteceu. Joel, que até aquele momento havia impressionado o casal com seu jeito seguro e tranquilo, cometeu um erro grave: pegou as chaves que estavam sobre a mesa e, em vez de passá-las às mãos de Sylvia, entregou a Harold!

No mundo esclarecido em que vivemos, seria justo pensar que os vendedores se sentissem à vontade para tratar igualmente com pessoas de ambos os sexos. Por mais que os negócios estejam bem, não se pode abrir mão de metade da clientela! No entanto, tenho tomado conhecimento de histórias terríveis acerca do tratamento dispensado a homens e mulheres. Vejamos alguns erros cometidos por vendedores ao lidarem com o sexo oposto.

ELE ENTREGOU AS CHAVES AO MARIDO

Esta é uma história que parece um verdadeiro pesadelo sobre o tratamento dispensado às mulheres por alguns vendedores. Sylvia, uma das minhas clientes e mulher de negócios muito bem-sucedida, resolveu comprar um carro conversível zero-quilômetro. Depois de visitar várias revendedoras em Sydney e Melbourne, ela se decidiu pelo tipo e pela cor do carro: um modelo alemão de cor prata, com o interior em vermelho. Faltava apenas aprontar a papelada, e o carro seria dela.

Na semana seguinte, com toda a papelada sendo providenciada pelo contador, Sylvia mal podia esperar o momento de pegar seu novo "brinquedo". Foi quando um dos piores exemplos de comportamento machista quase pôs tudo a perder. Sylvia pediu ao marido, Harold, que a levasse até a revendedora, de onde ela sairia dirigindo. Assim que chegaram, tiveram a bela visão do conversível prateado bem no meio do showroom. Joel, o vendedor que intermediara todo o negócio, cumprimentou o casal efusivamente. Quem já comprou um carro sabe da excitação e do nervosismo que precedem o momento de sair à rua com a nova aquisição.

Para tranquilizá-los, Joel ofereceu café a Sylvia e Harold, enquanto discorria sobre acessórios, operação, garantia e revisões programadas. Transmitidas as últimas informações, nada impedia que Sylvia tomasse posse de seu belo carro.

Então, o impensável aconteceu. Joel, que até aquele momento havia impressionado o casal com seu jeito seguro e tranquilo, cometeu um erro grave: pegou as chaves que estavam sobre a mesa e, em vez de passá-las às mãos de Sylvia, entregou a Harold!

Sylvia, furiosa, exigiu as chaves, já que era ela a compradora. Percebendo o erro cometido, Joel se desmanchou em desculpas, mas o estrago estava feito. Sylvia pegou as chaves, entrou no carro e foi para casa. Embora tenha se acalmado ao chegar em casa e estivesse contentíssima com o carro, ela garantiu que nunca mais faria negócios com Joel ou com aquela revendedora.

Infelizmente, a história de Sylvia não é exceção no ambiente comercial de hoje em dia. São atitudes como a de Joel, embora não intencionais, que depõem contra a profissão de vendedor. Mas toda situação tem seu lado positivo: se muitas organizações ainda vivem nos anos 50 no que se refere a "oportunidades iguais", talvez você consiga conquistar alguns de seus negócios, adotando uma atitude mais moderna. Passe em revista as suas apresentações e verifique se está deixando de lado algumas oportunidades.

CRENÇAS ULTRAPASSADAS NÃO SÃO COISA DE HOMEM APENAS

Ivor assistiu a um dos meus seminários e contou uma história tão desconcertante quanto a de Sylvia, mas que lhe aconteceu quando comprava um presente para sua mãe.

Ivor e sua mãe haviam vivido um ano difícil. Ele havia perdido o pai e ela, o marido, numa morte repentina por ataque cardíaco. Eles estavam apenas começando a superar esse evento devastador. Ivor decidiu presentear a mãe com um vidro de seu perfume Chanel preferido. Apesar de caro, seria um meio de compensá-la pelos dissabores dos meses anteriores.

Ivor observava os artigos no balcão de cosméticos de uma grande loja, quando foi abordado pela vendedora, que perguntou se poderia ajudá-lo. Ele pediu um vidro grande de Chanel Nº 5. A vendedora, uma moça de seus 20 e poucos anos, respondeu: "Pois não."

Em seguida, pegou o frasco em embalagem especial para presente. Ivor já se encaminhava para o caixa onde faria o pagamento, quando a ouviu dizer: "Tenho certeza de que a sua mulher vai adorar."

Quando ele explicou que o presente não era para a esposa, a moça, concluindo que ele tivesse um caso extraconjugal, acrescentou, inferindo que ele estaria mantendo um caso extraconjugal: "Ah, que safadinho..."

Ivor ficou furioso. Como podia alguém que estava atrás de um balcão e que não conhecia sua história acusá-lo de ter um caso? Ainda que tivesse, não era da conta dela. Ele lançou à vendedora um olhar fulminante e disse que o presente era para a mãe. Corada de vergonha, ela pediu mil desculpas, mas, como na outra história, o mal estava feito.

Não cometa os mesmos erros de Joel e da vendedora da loja de perfumes. Seja profissional e sempre trate os clientes com o respeito que merecem. O sexo do cliente não tem a menor importância.

Capítulo 22

O SEU AMBIENTE DE TRABALHO ESTÁ TRANSMITINDO A MENSAGEM ERRADA?

> Nunca se esqueça de um cliente, nem deixe que ele se esqueça de você.
>
> **Autor desconhecido**

NESTE CAPÍTULO

- **Viaje para qualquer cidade dos Estados Unidos ou da Europa e verá que praticamente todos os cafés abrem às 6 horas, no máximo. Na Austrália, às 8 horas, a maioria deles ainda está sendo arrumada. E os donos ainda perguntam por que estão em dificuldades.**

Tenho certeza de que você sabe da necessidade de tornar as apresentações de vendas mais inclusivas, garantindo que as suas palavras e atitudes não representem ofensas a qualquer dos sexos. Mas talvez esteja transmitindo a mensagem errada por outros meios. Dê uma olhada, por exemplo, na sua sala de espera e veja o que ela diz sobre você e seu trabalho.

PNEUS DE CARRO NÃO SÃO MAIS COISA DE HOMEM

Entre todos os setores ditos "masculinos", o das borracharias deve ocupar o primeiro lugar. Não que a intenção seja segregar as freguesas, mas todo o ambiente favorece mãos sujas, macacões cheios de graxa, guinchos barulhentos e rampas. Basicamente, uma borracharia não é um lugar bonito. No entanto, ao observar mais atentamente, percebi o quanto o setor tem se esforçado para tornar o espaço mais receptivo para as mulheres.

Greg é gerente de uma grande loja de venda e reparo de pneus. Segundo ele, depois que decidiu mudar a mentalidade do estabelecimento, foi fácil mudar a parte física: "Começamos por estabelecer a regra de que, em nossa empresa, as mulheres seriam levadas a sério. Se, por exemplo, uma mulher chegasse sozinha, ou seja, sem a companhia do namorado ou marido, isso não nos faria presumir automaticamente que fosse uma total ignorante em matéria de pneus." (Talvez o namorado dela trabalhe no mercado financeiro e não entenda absolutamente nada do assunto.)

Grcg continuou:

"Fizemos várias alterações para deixar as freguesas mais à vontade, como instalar uma máquina de café moído na hora e manter revistas novas sempre arrumadas – que, aliás, trazem assuntos que interessam tanto a homens quanto a mulheres: carros, decoração, viagens e negócios. Os banheiros são mantidos limpos e em ordem, um para os fregueses e outro para os funcionários, e ficam na parte de trás, longe da vista dos clientes."

O SEU AMBIENTE DE TRABALHO É "AMIGÁVEL"?

Assim como Greg, o que você poderia fazer para tornar o seu ambiente de trabalho mais focado nos clientes de ambos os sexos? Aqui estão alguns erros que, embora certamente não sejam intencionais, são cometidos por determinadas empresas e podem incomodar homens ou mulheres – ou ambos!

REVISTAS

Na maior parte das empresas, quem escolhe as revistas são os funcionários mais graduados. Depois que as leem, eles provavelmente não dizem "Deixe as revistas sobre carros na sala de espera" ou "Ponha as revistas de decoração na recepção", mas isso é o que costuma acontecer. Em vez de serem jogadas fora, vão todas parar no refeitório ou na sala de espera.

Dê uma olhada nas revistas que mantém na sala de espera ou no setor de recepção. Você vai se surpreender com a quantidade de publicações sobre o mesmo assunto – carros ou moda, por exemplo. E provavelmente vai ter outra surpresa quando perceber o mau estado em que se encontram as revistas. Cuide para que a sua sala de espera seja tão politicamente correta quanto a sua apresentação.

ÁREAS DE RECREAÇÃO

Acho que há alguns exageros aí. Todo mundo compreende o quanto é difícil para os pais acalmar uma criança doente, mas acredito que muitos consultórios médicos e dentários tenham perdido clientes por causa de sua estratégia. Basta a algazarra de uma criança em meio a brinquedos ou blocos de construção, para fazer certos pacientes se levantarem e irem embora.

Não digo que as crianças devam ser ignoradas. Os kits oferecidos pelas empresas aéreas, por exemplo, são ótimos, pois contêm jogos ao mesmo tempo desafiadores e divertidos, que mantêm as crianças em seus assentos, às vezes durante longas viagens internacionais. Apitos e blocos de construção, ao contrário, não seriam indicados, já que a algazarra provocada certamente levaria os outros passageiros a protestar. Então, se as companhias aéreas conseguem manter a garotada quieta durante horas, por que médicos e dentistas não fazem o mesmo apenas durante 45 minutos? Se no setor em que atua, você recebe a visita de adultos e crianças, entre em contato com uma companhia aérea e peça alguns kits de viagem. Se isso não for possível, crie os seus, como os saquinhos com surpresas que ganhávamos quando crianças – eles nunca saem de moda e sempre agradam.

HORÁRIO DE FUNCIONAMENTO

Pode parecer que a maioria dos empreendimentos encontra sua melhor solução, mas, no caso de bares e restaurantes, acredito que possam ser feitas algumas modificações. Muitos donos de restaurante reclamam do pouco movimento, mas se esquecem de perguntar aos clientes a que horas gostariam que a casa abrisse. Viaje para qualquer cidade dos Estados Unidos ou da Europa e verá que praticamente todos os cafés abrem às 6 horas, no máximo. Na Austrália, às 8 horas, a maioria deles está sendo arrumada. E os donos ainda perguntam por que passam por dificuldades. Aqueles que visitam a cidade a negócios querem aproveitar o tempo ao máximo e procuram tomar o café da manhã antes das 7h30. Mas, se cafés, restaurantes e lanchonetes estão fechados, adivinhe quem vai absorver esses clientes? O hotel onde estão hospedados, é claro!

Do mesmo modo, não abrir uma agência de automóveis aos domingos é o mesmo que deixar as igrejas fechadas nesse dia da semana. Para muitas pessoas, o domingo é o único dia em que toda a família se reúne. Quer oportunidade melhor para comprar o carro da família? Alguns corretores de imóveis cometem o mesmo erro. Por que não tirar um dia de folga no meio da semana em vez de no sábado ou no domingo, que são os melhores dias para visitar imóveis?

CAPÍTULO 23

DEZ COISAS QUE OS VENDEDORES NÃO DEVEM FAZER DE JEITO NENHUM

A ADVERSIDADE COLOCA AS PESSOAS EM CONTATO COM ELAS MESMAS.

Rose Lane

NESTE CAPÍTULO

- Faça agora uma lista com os nomes de clientes que o rejeitaram no passado e pense em maneiras diferentes de chegar a eles – ou a seus concorrentes.

Sabemos muito bem que nem todos os clientes comprarão nossos produtos, mas temos de reconhecer que, às vezes, perdemos algumas vendas que poderiam ter sido feitas. Aqui estão algumas sugestões que vão ajudar você a não desistir antes da hora, além de preservar a sua imagem com os clientes.

1. NUNCA ACEITE O PRIMEIRO "NÃO"

Os programas de televisão *Neighbours, The Weakest Link e Big Brother* foram recusados por diversas redes antes de se tornarem sucesso em vários países. Os produtores persistiram até encontrar quem se interessasse por eles e hoje colhem os louros do sucesso. Por que *você* desiste tão cedo? Faça agora uma lista com os nomes de clientes que o rejeitaram no passado e pense em maneiras diferentes de chegar a eles. Hoje, muitos clientes me dizem o quanto ficaram satisfeitos com a minha insistência depois de várias negativas. Segundo eles, o fato serviu para reforçar a minha imagem como alguém que acredita no que vende, além de fazê-los se sentirem valorizados.

2. NUNCA TRAIA A CONFIANÇA DOS CLIENTES

Esta história ilustra muito bem como a falta de cuidado pode facilmente destruir uma imagem. Eu estava em um voo entre Auckland e Sydney em uma tarde de domingo e, para meu espanto, dois homens conversavam em altos brados sobre a boa sorte de terem acertado uma transação com uma importante empresa da Nova Zelândia. Movidos a muita cerveja, os dois bobocas se vangloriavam de haver conseguido "o negócio do século", com o qual ganhariam muito dinheiro. O que não sabiam é que duas fileiras atrás deles, sentado ao meu lado e também ouvindo o que diziam, estava o diretor administrativo da tal empresa. Ele havia chegado depois que os dois homens sentaram, então eles não sabiam que o diretor estava atrás e, o mais importante, suficientemente perto para ouvir o que falavam. Enquanto se gabavam de quanto dinheiro iriam conseguir, ele ficou mais e mais agitado. Sei disso porque o diretor estava sentado ao meu lado. Ele estava furioso! Não sei o que aconteceu depois, mas meu palpite é que o negócio não se concretizou. Moral da história: Quando fizer um bom negócio, CALE-SE!

3. NUNCA ESTACIONE EM LOCAL PROIBIDO

Em todas as empresas que conheço, acontece a mesma coisa. A melhor maneira de um vendedor perder um negócio antes mesmo de se apresentar é ser avisado de que deve retirar o carro que deixou estacionado no lugar errado. Estacionar em vagas reservadas para a diretoria, para deficientes ou clientes da empresa é um desrespeito que já vi acontecer inúmeras vezes. E pode ter a certeza de que o fato vai chegar aos ouvidos da pessoa que o vendedor foi procurar.

4. NUNCA DEIXE O CELULAR LIGADO ENQUANTO AGUARDA ATENDIMENTO

Os vendedores, em sua maioria, sabem que devem desligar o telefone celular antes de encontrar o cliente, no entanto alguns resolvem aproveitar o tempo na sala de espera para um telefonema de última hora. Isso é um perigo, pois podem ser surpreendidos pelo cliente ou seu assessor, dando a impressão de estarem mais interessados em outro compromisso, o que seria, com razão, muito malvisto. Já vi essa situação acontecer algumas vezes enquanto aguardava em salas de espera e sei que é delicada, de difícil recuperação. Se o encontro estiver marcado para as 14 horas, chegue à 13h55, com o celular DESLIGADO.

5. NUNCA BEBA MAIS DO QUE PODE AGUENTAR

Não é à toa que chamam a bebida de "soro da verdade". Se for almoçar ou jantar com um cliente e alguém tiver que sair trocando as pernas, que seja ele, não você. Se *ele* beber e fizer papel ridículo, tudo bem. (Na verdade, pode-se descobrir coisas interessantes a respeito de quem bebeu demais.) Mas, se acontecer com *você*, é um perigo. Não estou dizendo que jamais beba com um cliente – um drinque ocasional pode ser uma ideia excelente –, mas veja até onde pode ir. Algumas pessoas (como eu!) não conseguem passar da primeira lata de cerveja, enquanto outras bebem uma atrás da outra e continuam sóbrias. Veja o quanto aguenta e pare na hora certa. E, é claro, se beber, volte para casa de táxi.

6. NUNCA DISCUTA POLÍTICA, RELIGIÃO OU ... !

Existe uma velha crença de que não se deve discutir política, religião ou sexo com um cliente. Não sei se isso ainda se aplica, já que costumo ter discussões muito interessantes com meus clientes sobre os mais variados assuntos! Minha sugestão é que você, antes de falar, use de sutileza para descobrir a opinião do cliente. Certa vez, enquanto tomávamos drinques antes do jantar num baile de caridade, um participante se meteu em uma situação difícil de sustentar. Ele presumiu que um homem de negócios de estilo descontraído fosse republicano, no entanto tratava-se de um monarquista ferrenho. Não digo que você deva concordar com todas as opiniões do cliente, mas, às vezes, vale a pena apenas ouvir, deixando de tecer comentários. Há quem faça questão de expor seus pontos de vista em situações informais, como churrascos ou jantares. Isso não é necessário. Apenas demonstre interesse, ainda que a vontade seja rebater tanta bobagem!

7. NUNCA OFEREÇA PRESENTES SEM O CONHECIMENTO DA ALTA ADMINISTRAÇÃO

Esta é uma questão muito delicada atualmente. Com tantos presentes e convites disponíveis, é melhor conhecer primeiro as regras da empresa a respeito disso. O que constitui suborno, estímulo ou agradecimento? Na revendedora de automóveis de um cliente meu, todos os funcionários devem pedir autorização ao chefe do departamento antes de aceitar um presente, seja ele qual for. Assim, evita-se qualquer possibilidade de favorecimento e é possível acompanhar quem recebe presentes e de quem. Certa vez, querendo presentear os mecânicos pela atenção que deram ao meu carro, consultei o diretor administrativo.

"Não há problema", ele respondeu. "Mas gostei que me perguntasse antes." No dia seguinte, ele me telefonou satisfeito para contar que todos os mecânicos, sem exceção, tinham-lhe pedido autorização para receber meus presentes. Quando as coisas são combinadas de antemão, todos saem ganhando: o cliente se sente bem por ter seu presente aceito; o empregado se sente bem por ver seu trabalho reconhecido; e o empregador se sente bem por ver que o cliente ficou tão satisfeito que, além de pagar a conta, quis agradecer! Brilhante!

8. NUNCA ENVIE E-MAILS DE MAU GOSTO

A vantagem do e-mail é sua enorme rapidez e eficiência. Mas tem seus perigos, como a disseminação de vírus e as mensagens ofensivas, em especial imagens e piadas pornográficas. Embora alguns clientes apreciem esse tipo de coisa e até mesmo enviem ocasionalmente tais mensagens, isso não lhe dá o direito de fazer o mesmo. Quando recebo um e-mail assim, respondo com uma piada ou um comentário divertido que, se for lido por outra pessoa, não revelará o menor indício da mensagem original. Se você incentivar a prática, dizendo "Mande mais dessas imagens legais, Bobby", pode estar contribuindo para a demissão do outro, caso seja apanhado infringindo as regras da empresa acerca de e-mails ofensivos.

9. NUNCA OFEREÇA INGRESSOS AO CLIENTE SEM SABER QUAL A LOCALIZAÇÃO DOS ASSENTOS

Muitas contas importantes foram perdidas porque alguém se esqueceu de verificar a localização antes de enviar ingressos para clientes VIP. Um dos meus clientes me contou a história de Eddie, o diretor administrativo de uma grande empresa australiana que tinha muitos negócios com determinado fornecedor. Sabendo que Eddie era grande apreciador de corridas de automóveis, o fornecedor enviou ingressos para que ele fosse com a esposa assistir ao Grande Prêmio de Fórmula 1, em Melbourne. Conhecendo autódromos do mundo inteiro, Eddie adorou o presente, mas o que seria uma tarde fantástica se revelou um desastre. O fornecedor, que jamais assistira a um grande prêmio, pensou ter comprado ingressos em uma boa localização. Eddie, que estivera em todas as corridas realizadas em Adelaide e Melbourne, não concordou. Ao chegar, dirigiu-se à área VIP, onde ficam as celebridades e os grandes homens de negócios do país, mas foi barrado. Absolutamente furioso, retirou-se. Dois meses depois, o fornecedor foi dispensado. Ao contar essa história, minha intenção não é impedir você de levar clientes a eventos corporativos, que são recursos importantes no mundo dos negócios, mas lembrar que os ingressos devem atender às expectativas de quem recebe ou superá-las. Depois não diga que não avisei!

10. NUNCA DISCUTA COM O ASSESSOR PESSOAL DO CLIENTE

Secretários ou assessores pessoais tanto podem estender um tapete vermelho à sua passagem, como espalhar cacos de vidro no chão que você pisa. Por mais que o cliente goste de você, ele sempre vai ouvir a opinião do assessor; um simples comentário pode representar o seu sucesso ou a sua ruína. Em caso de discordância sobre a data de um encontro, por exemplo, o assessor pode entrar aborrecido na sala do chefe e dizer: "Quem aquele Joe James pensa que é?"

Pronto. O assessor dá sua versão dos fatos e faz Joe James parecer um idiota. Por outro lado, se o assessor lhe telefona, pedindo para adiar por dois dias um encontro marcado, e você concorda imediatamente, dizendo saber o quanto a agenda do cliente é movimentada, a reação é de alívio. O comentário para o chefe será outro:

"É, aquele Joe James é um sujeito legal. Ele foi muito gentil ao telefone e compreendeu perfeitamente quando comentei sobre a sua agenda cheia."

A venda está garantida, antes mesmo que você entre na sala do cliente!

PARTE 7

VENDENDO MAIS PARA CHEGAR AO SUCESSO

Capítulo 24

GOSTARIA DE INCLUIR GRANDES VENDAS NO PEDIDO?

> ENQUANTO VOCÊ É INEXPERIENTE, CRESCE; DEPOIS DE MADURO, APODRECE.

Ray Kroc, que fundou o McDonald's aos 52 anos

NESTE CAPÍTULO

- Além de ser considerado um vendedor atencioso, alcanço resultados espetaculares.

Quase todo mundo já esteve no McDonald's pelo menos uma vez. Se você nunca foi, vá agora – e verá uma das melhores e mais famosas versões de *upsizing* e *upselling*. *Upsizing* é quando você pede um Big Mac e uma Coca-Cola e o atendente faz a mais brilhante pergunta de incentivo ao consumo que já ouvi: "Gostaria de incluir batatas fritas no pedido?"

No McDonald's, qualquer pessoa que entre em uma das lanchonetes, seja na Austrália, Nova Zelândia, Estados Unidos, China, Japão, etc. *espera* que ofereçam o *upsizing*. A maioria das pessoas não considera essa abordagem agressiva. Um cliente chegou a comentar comigo o quanto estranhou quando, estando em um aeroporto, entrou na loja de um concorrente do McDonald's, e o atendente não ofereceu batatas fritas para acompanhar o pedido. Ele perguntou para mim: "Por que isso aconteceu?" Respondi: "Porque não ensinaram a ele."

Meu cliente ficou preocupado. Quando perguntei qual era o problema, ele disse que a situação vivida no aeroporto o fez pensar se os vendedores de sua loja – um ambiente muito parecido com essa cadeia de *fast-food* – poderiam fazer mais vendas e, dessa forma, gerar mais lucro se oferecessem o *upsizing* para os clientes.

"QUE TAL UMA GRAVATA PARA COMBINAR, SENHOR?"

A frase não precisa ser sempre a mesma para oferecer o *upsizing* ao cliente. Quem me contou esta história foi Guy, que trabalha na seção de roupas masculinas da Myer Grace Bros. Guy disse que o fiz pensar quando, em um dos meus seminários, perguntei: "Em quanto o seu faturamento mensal aumentaria se você conseguisse que, a cada dia, um cliente comprasse mais um artigo?"

"Depois de assistir ao seminário, resolvi adotar aquela meta e descobri que os clientes gostam do meu interesse e da minha opinião. Antes, por exemplo, eu nem mencionava ao cliente que, naquela semana, se comprasse uma camisa, teria 25% de desconto na compra de uma gravata. Depois que passei a oferecer o *upsizing* para um cliente por dia, o número de clientes que compram um segundo artigo foi aumentando. Hoje, fico mais atento e sei que posso conseguir um *upsizing* com todos eles. Além de ser considerado um vendedor atencioso, alcanço resultados espetaculares."

VENDEDORES DE CARROS ENTENDEM MUITO DE *UPSIZING*

Vendedores de carros sabem que podem melhorar muito seus resultados se procurarem atender às exigências dos clientes *depois* que eles compram um carro. Por exemplo, acertado o negócio, o vendedor sempre oferece ao comprador um pacote de produtos para conservação do veículo. Logo que tais produtos foram lançados, houve certa resistência por parte dos vendedores. Eles temiam assustar o cliente com mais uma despesa e talvez perder a venda por completo. Atualmente, decorrida mais de uma década, a maior parte das revendedoras faz questão de que o comprador seja informado das vantagens de proteger seu investimento com a aplicação de produtos antiferrugem e a impermeabilização do tecido dos assentos com Scotchgard. Embora essa seja uma despesa extra, muitos clientes voltam para agradecer o fato de, por exemplo, o revestimento dos bancos continuar como novo "apesar de todas as coisas que as crianças derramam sobre eles".

"O QUE ACHA DE UMA MASSAGEM RELAXANTE NA CHEGADA, SENHORA?"

Atualmente, ninguém pensa em fazer uma viagem internacional sem um seguro, mas a correria dos preparativos poderia levar a um esquecimento. Dez anos atrás, se um agente de viagem mencionasse serviços de massagem integrados ao seguro, talvez fosse considerado louco. Hoje, porém, todo cliente recebe um oferecimento de *upsizing* de pelo menos dois ou três produtos. Seguro, cheques de viagem, cartões de crédito e até massagens na chegada ao destino fazem parte do serviço. O *upsizing* é considerado um meio de atrair clientes de uma empresa aérea mais tradicional para outra mais inovadora e criativa.

OUTRAS OPORTUNIDADES DE *UPSIZING*

A técnica pode ser utilizada em todas as áreas de vendas. Eis alguns exemplos:

LOJAS DE ARTIGOS MUSICAIS

Quando recentemente comprei um CD, a vendedora me ofereceu um estojo com capacidade para 12 discos "para levá-los no carro com mais segurança".

POSTOS DE LAVAGEM DE CARROS

Talvez você não tenha reparado, mas, assim que chega com o seu carro a um posto de lavagem, os funcionários entram em "modo de *upsizing*". Se for do tipo lava a jato, em que o carro passa por dentro da máquina, oferecem uma camada de cera. Se for lavagem manual, oferecem uma superlavagem, a super-hiperlavagem ou o pacote de luxo, que inclui limpeza em tudo o que abre e fecha. E, em um mundo de inovação, tinha de acontecer de oferecerem ainda um cappuccino com biscoitinhos, para que você não fique tamborilando os dedos enquanto cuidam do seu carro.

AS OFERTAS ESPECIAIS DO GERENTE

Em muitos postos de gasolina, quando você vai pagar o combustível, passa pela tentação das "ofertas especiais do gerente". Pode ser uma barra de chocolate, um refresco ou um lanche com refrigerante. Quantas vezes você já aceitou, aumentando o faturamento do posto?

CAIXA DE SUPERMERCADO

Não é por acaso que, perto de toda caixa de supermercado, há uma prateleira com balas, gomas de mascar e revistas. Você não pode deixar de olhar para aqueles produtos, enquanto espera na fila a sua vez de pagar – e acaba comprando. Brilhante!

Capítulo 25

QUE PRODUTOS "SECRETOS" VOCÊ TEM?

> Lembre-se: as possibilidades nunca se esgotam completamente.
>
> **Robert Schuller**

NESTE CAPÍTULO

- Ela espera pelo menos dez minutos depois da retirada dos pratos e oferece sua versão de "quer batatas fritas também?" – que, em seu caso, é "que tal um *cheesecake* com calda de chocolate e morangos frescos?"

Assim como batatas fritas, gravatas e massagens, há produtos e serviços que você pode oferecer aos clientes, além daqueles que eles já decidiram comprar. É preciso uma certa preparação, mas o esforço vale a pena – inclusive pelo aumento das vendas e da satisfação dos clientes.

Por exemplo, quando você aterrissa em qualquer aeroporto do mundo, passa por um *upsizing* provavelmente sem perceber. Depois que a tripulação informa que é preciso desligar aparelhos eletrônicos e colocar os assentos na posição vertical para os procedimentos de aterrissagem, muitas vezes também sugere uma determinada empresa de aluguel de carros. Já em terra, a mesma empresa oferece um carro superior ao que você havia reservado por apenas mais 10 dólares por dia.

HOTÉIS CINCO ESTRELAS OFERECEM *UPSIZING* COM ÓTIMOS RESULTADOS

Um dos meus clientes, uma cadeia de hotéis cinco estrelas com filiais em vários países, teve grande sucesso ao decidir que todos os funcionários deveriam tentar conseguir um *upsizing* por dia. Os administradores do grupo perceberam que o cliente gosta que o estabelecimento se antecipe às suas necessidades – e hóspedes satisfeitos fazem propaganda do hotel para a família, os amigos e colegas de trabalho.

Digamos que você chegue a uma cidade e vá para o hotel que você reservou. No balcão de recepção, algumas perguntas lhe serão feitas, que configuram um *upsizing*. Veja as mais comuns:

- "Prefere que o café da manhã seja incluído na diária, economizando assim 10%?" (Isso é para que você use o restaurante do hotel em vez de comer fora.)
- "Que tal mudar para um quarto melhor?" (O quarto costuma ser do mesmo tamanho, mas são oferecidos chá, café e bebidas.)

- "Já providenciou transporte até o aeroporto na partida?" (Em vez de 20 pessoas irem para o aeroporto em táxis separados, muitos hotéis providenciam um meio de transporte único pelo qual cobram, mas custa muito mais barato.)

O *UPSIZING* PODE SER BEM DOCE

Lori, que trabalhava no café da recepção do hotel, viu o movimento aumentar quando passou a se antecipar aos pedidos dos clientes.

"Se via duas pessoas em um jantar de negócios, o menu com as sobremesas seria a última coisa que eu ofereceria. No entanto, muitos homens de negócios aceitavam satisfeitos quando eu oferecia a carta de vinhos. Por outro lado, um casal em um jantar íntimo sempre respondia com um sorriso e um 'sim, por favor' quando eu sugeria a sobremesa."

Quando Lori foi promovida de gerente do café para gerente do restaurante, notou que os clientes pouco pediam sobremesa. Em vez de deixar as coisas como estavam, resolveu fazer algo diferente.

"Os clientes diziam que estavam satisfeitos e não queriam sobremesa, mas eu sabia que não era bem assim. Reduzi o número de opções de dez para cinco e providenciei um carrinho que leva as sobremesas até perto do cliente. Eles não resistem à visão. Espero pelo menos dez minutos depois da retirada dos pratos e ofereço minha versão de 'quer batatas fritas também?' – que, no meu caso, é 'que tal um *cheesecake* com calda de chocolate e morangos frescos?'"

"GOSTARIA DE RECEBER ALGUM EQUIPAMENTO DE ESCRITÓRIO INTEIRAMENTE GRÁTIS?"

No ramo há mais de vinte e cinco anos e tendo assistido a tantos ciclos, nada mais me surpreende hoje em dia. Um barômetro do mercado que gosto de monitorar é o preço da instalação de um escritório. Agora mesmo, estou à procura de um espaço e mal posso acreditar na diferença que faz um período de doze meses. Durante o *boom* das empresas "pontocom" no fim da década de 90, quase não se encontravam espaços disponíveis para escritórios. Toda companhia iniciante queria um escritório igual ao de Bill Gates por um preço baixo – aliás sem pagamento, apenas promessas. Agora que o mercado se tranquilizou, a criatividade nas vendas está em alta. É incrível como se oferecem *upgrades*, e o que se pode conseguir, quando as coisas ficam um pouco mais difíceis. Veja alguns exemplos de *upsizing* que me ofereceram durante a minha procura por um escritório:

- Ocupar um andar mais alto pelo preço de um andar mais baixo.
- Todo o equipamento do escritório sem qualquer custo.

E o maior de todos:

- Dispensa de pagamento de aluguel por algum tempo, para garantir que eu ficasse no imóvel por cinco anos ou mais. Algumas empresas me ofereceram mais de um ano sem pagar aluguel!

Assim como os corretores de imóveis comerciais oferecem negócios tentadores para conseguir quem ocupe suas salas vazias, você precisa encontrar, no seu setor, algo que seja uma tentação para os clientes. O que você poderia oferecer agora, para conseguir negócios mais tarde? Lembre-se: é dando que se recebe.

Capítulo 26

AS PESSOAS NEM SEMPRE COMPRAM AQUILO QUE VIERAM COMPRAR

> Coloque o produto nas mãos do cliente, e o produto se revelará, mostrando ser ou não de qualidade.
>
> **Estée Lauder**

NESTE CAPÍTULO

- Tony sabe que jamais poderia competir com base apenas no preço, mas ele agrega valor, tratando cada cliente como se fosse o único.

Já lhe aconteceu de entrar em uma loja de departamentos com a intenção de comprar uma determinada peça de roupa, um móvel ou aparelho elétrico e sair de lá carregando algo completamente diferente? Tanto você pode ter preferido uma marca melhor ou mudado de ideia, como pode ter trocado a compra de um videocassete por um DVD.

Digamos que você queira comprar roupa de cama. Em uma determinada loja, os modelos que mais lhe agradam só estão disponíveis em king size e não em tamanho casal, como você procura. Se o vendedor for um "cumpridor de ordens", vai apenas ouvir o que você "pensa" que precisa e dizer que não dispõe de lençóis de casal em estoque, encerrando a discussão. Você, então, vai à loja de um concorrente e procura até encontrar o que queria: um lençol de casal.

PRESTE ATENÇÃO AO QUE O CLIENTE QUER REALMENTE

Por outro lado, se o vendedor fosse mesmo interessado, diria mais ou menos isto: "Não sei se já lhe disseram, mas estamos com uma promoção de camas com descontos de até 60%. E cada comprador recebe como brinde um conjunto de lençóis de algodão egípcio da melhor qualidade." O bom vendedor sabe que talvez você apenas queira realmente comprar lençóis novos, mas existe uma grande possibilidade de que fique feliz em trocar a velha cama por uma nova, mais espaçosa e confortável, caso lhe ofereçam um bom negócio.

Você, que pretendia gastar o equivalente a 300 dólares em lençóis novos, de repente descobre que pode receber em casa, no dia seguinte, uma bela cama king size acompanhada de um conjunto de lençóis a seu gosto, e o melhor, pagando apenas dali a seis meses! Não é para se sentir o máximo? Ao fazer uma venda, você apenas ouve o que o cliente pede? Ou vai mais longe, descobrindo o que ele *realmente* quer?

"NÓS QUEREMOS UM PALESTRANTE, MAS QUEREMOS MESMO UM ORGANIZADOR DE SEMINÁRIOS"

Em meus primeiros tempos de palestrante, eu perdia muitos negócios. O motivo não era minha capacidade de comunicação nem meu preço, mas a dificuldade de conseguir um local adequado para o evento. As coisas melhoraram rapidamente quando descobri que o problema do cliente não era *comigo*, mas com o local.

Em grandes organizações, a tarefa de arranjar o local cabe, geralmente, ao assessor do presidente ou ao responsável pela área de recursos humanos. Acontece que ambos costumam ter a agenda cheia, e a última coisa que desejam é passar um dia inteiro tentando encontrar um local adequado e negociando preços. Então, eu me ofereço para fazer isso, o que conta pontos a meu favor – e a favor da minha empresa.

O que você poderia fazer para acrescentar aos seus negócios aquele "algo extra" que trará mais sucesso?

"PROVE ESTAS, PAUL, E ME DIGA O QUE ACHA"

Tony Lopez, de quem costumo comprar frutas, é um excelente exemplo de técnica de vendas. Gosto de ir à sua loja, porque me faz lembrar dos tempos de criança, quando eu trabalhava na quitanda da família (dizem que comia mais do que vendia!).

O serviço especial que Tony presta aos clientes, aliado à sua habilidade de vendedor, conseguiu manter um empreendimento familiar em um ambiente altamente competitivo. Como sabe que jamais poderia competir com base apenas no preço, ele agrega valor, tratando cada cliente como se fosse o único. Além disso, suas frutas são da melhor qualidade. Mas quero falar dos recursos que utiliza para vender.

Em um sábado de manhã, entrei na loja de Tony. Ele atendia a outro cliente e me fez um sinal, dizendo que logo estaria comigo. Enquanto esperava, fui escolhendo o que queria. Enquanto Tony embrulhava minhas frutas com cuidado, me estendeu algumas cerejas com um largo sorriso e disse: "Paul, quero que me diga se estas não são as melhores cerejas que já provou."

E eram mesmo. Simplesmente divinas. Comprei um saco delas. Não fui à loja de Tony naquele sábado para comprar cerejas. Nem pensava nisso. Nectarinas, maçãs, pêssegos, sim (era época de Natal), mas cerejas, não.

Quais são as "cerejas" do seu negócio? Como você poderia levar os clientes a provar outro produto que abrisse as portas para mais vendas?

REVISTAS QUE "VÃO DE CARONA"

Esta técnica, que já é comum na Europa e nos Estados Unidos, está se tornando cada vez mais popular na Austrália e na Nova Zelândia. Se uma revista, seja recentemente lançada ou não, pretende entrar no mesmo mercado demográfico já ocupado por outra, distribui gratuitamente exemplares aos compradores dessa outra. A intenção é fazer com que os leitores se interessem e comprem o número seguinte.

Digamos que você seja responsável pela publicação de uma revista sobre vinhos. Você poderia distribuir exemplares gratuitos com uma revista sobre golfe, pois é muito provável que os golfistas se interessem pelos dois assuntos. Quando recebem uma revista sem ter de pagar por ela, os leitores ficam sabendo da existência da publicação e reconhecem que não custa nada fazer um "test-drive". O editor da revista sobre golfe terá leitores satisfeitos com o produto que receberam sem ter de pagar, e você terá acesso a um cadastro de assinantes representativo de um rico mercado-alvo. Com essa técnica, todos saem ganhando e ninguém perde.

Como você poderia adaptá-la para aumentar o seu sucesso nos negócios?

Parte 8

LIDANDO COM A REJEIÇÃO

Capítulo 27

O MEDO DA REJEIÇÃO E A CORTESIA

> As pessoas são lembradas pelos sucessos, não pelos fracassos. No entanto, cada passo em falso é um passo à frente.
>
> **Thomas Edison**

NESTE CAPÍTULO

- Uma das maiores dificuldades impostas pela rejeição é nossa certeza de que seremos rejeitados na primeira tentativa.

Todos temos medo da rejeição. Ninguém gosta de ser rejeitado de forma alguma, e é isso o que impede certos vendedores de exercer todo o potencial de sucesso de que dispõem. É o mesmo que acontece ao adolescente que tem diante de si a tarefa aterradora de convidar alguém para o baile de fim de ano. Trabalhar em vendas é convidar diariamente alguém para dançar. Existe a chance de rejeição, mas, como no baile do colégio, também pode ser que a resposta seja "sim".

Só conheço um remédio contra o medo da rejeição – mais sucesso. Quando você vende bem, perde a necessidade absoluta de fechar cada negócio, o que afasta a sensação de pânico. Porém, se não for esse o seu caso, aqui estão algumas sugestões que vão facilitar um pouco a sua relação com a rejeição.

CONVENÇA-SE DE QUE NÃO SOFRERÁ REJEIÇÃO

Uma das maiores dificuldades impostas pela rejeição é a certeza de que seremos rejeitados na primeira tentativa. Quando as coisas vão muito bem, a rejeição não entra na sua mente – os seus pensamentos se concentram no quanto você se sente bem e no sucesso que vem alcançando.

Se não estiver em uma fase especialmente boa, concentre-se nos aspectos positivos que você pode levar para cada apresentação e no quanto o seu produto ou serviço é importante para o cliente. Sempre que pensamentos de fracasso tentarem tomar a sua mente, afaste-os e se concentre no sucesso. Lembre-se: é possível escolher entre sucesso ou fracasso. Depende de você.

QUANDO SOFRER REJEIÇÃO, MANTENHA A CORTESIA

Antes que eu fizesse o primeiro seminário para o McDonald's, fui rejeitado sete vezes em três anos. Ainda me lembro de dizer a mim mesmo, a cada vez que meu oferecimento era recusado: "Estou chegando perto. Logo eles vão me contratar." Nunca perdi a calma diante da frustração, e tal atitude transpareceu e foi apreciada por aqueles com quem eu tentava fazer negócio.

Mas nem sempre fui assim tão calmo. Perdi bons trabalhos porque, precisando muito de dinheiro, deixei que o pânico tomasse conta de mim ou porque estava cansado de ouvir "não" e permiti que isso transparecesse. Muitos vendedores perdem facilmente o controle das emoções, quando as coisas não saem como desejariam.

Este é um ponto importante: se você fizer várias visitas ao cliente, mostrando-se sempre disponível, ele acabará fazendo negócio.

Um cliente, ao me apresentar para uma plateia de 500 funcionários, fez um comentário que me deixou orgulhoso: "Aprecio a persistência de Paul e sua abordagem corajosa. E foram essas qualidades que me convenceram a lhe dar um voto de confiança e conhecer seu trabalho." Naquele ponto, eu já tivera mais de 5 mil pessoas daquela empresa participando dos meus seminários em várias cidades da Austrália. Aquele, portanto, era um elogio de peso. Todos no local sabiam que muitos de seus colegas já haviam assistido aos meus seminários e agora sabiam, também, que minha persistência havia vencido.

Seja sempre gentil ao receber um "não". Nunca se sabe o que vai acontecer no futuro.

SUGESTÕES PARA ADMINISTRAR A REJEIÇÃO

1. NÃO É UMA QUESTÃO PESSOAL, SÃO APENAS NEGÓCIOS

Alguns indivíduos encaram a rejeição em um nível tão pessoal que destroem qualquer possibilidade de uma nova tentativa. Mantenha a cortesia.

2. MANTENHA A CALMA. TRATA-SE APENAS DO PRIMEIRO "NÃO"

Lembre-se: pode haver até oito objeções antes do primeiro sinal de aceitação.

3. CADA UM TEM SUA VIDA

Ao tentar vender por telefone, não se esqueça de que a pessoa do outro lado da linha não esperava a sua ligação. Prepare-se para um "corte" imediato – talvez ela estivesse tomando banho ou cuidando das crianças.

4. PERGUNTE SEMPRE SE A PESSOA TEM DISPONIBILIDADE PARA FALAR NO MOMENTO

Esse é um pequeno gesto de cortesia que parece meio esquecido, mas tem grande importância na redução do índice de rejeições. Com o acesso instantâneo favorecido pelos celulares, é indispensável perguntar se a pessoa que atende está em condições de falar. Se ela pedir que você ligue mais tarde, tome isso como um bom sinal, pelo menos, o seu telefonema será atendido.

5. RESPIRE PROFUNDAMENTE DEZ VEZES

Essa é uma das melhores técnicas que conheço, quando se trata de lidar com uma frustração inesperada. Ao receber uma notícia ruim, as pessoas costumam respirar rápida e superficialmente. Respirar profundamente dez vezes é um bom recurso para alcançar um estado de espírito mais calmo e receptivo.

6. CONTINUE CALMO

Em meus seminários, quando me vejo diante de um participante agressivo, consigo reverter a situação mantendo a calma. Fiz isso recentemente e, no fim da palestra, recebi cumprimentos pela minha atitude. O chefe ficou tão impressionado que me contratou para outros eventos, enquanto o indivíduo que provocou a cena foi despedido. Viu só? Isso é que é carma.

7. REDUZA AS SUAS PROBABILIDADES DE REJEIÇÃO

Embora eu não acredite em um momento "perfeito" para telefonar ao cliente, determinados horários são proibidos, a menos que a solicitação tenha partido dele. Horários que representam quase certeza de rejeição: sextas-feiras, a partir das 16 horas; fins de semana, a qualquer hora; ou durante uma competição esportiva importante. Pode crer!

CAPÍTULO 28

A RELAÇÃO EXISTENTE ENTRE A RELUTÂNCIA EM FAZER LIGAÇÕES E A AUTOESTIMA

QUANDO ESTABELECEMOS LIMITES PARA O QUE FAREMOS, LIMITAMOS O QUE PODEMOS FAZER.

Charles Schwab

NESTE CAPÍTULO

- Quando as coisas vão mal, e você se sente "por baixo", é fácil se recolher a um canto, pensando ser a única pessoa no mundo a passar por momentos difíceis.

Já reparou que, quando você se sente por baixo, perde a vontade de telefonar aos clientes ou visitá-los, sejam eles novos ou antigos? Tal hesitação é conhecida no meio comercial como "medo de vender". É quando você fica relutante em fazer ligações ou quando começa a criar desculpas para não visitar clientes quando sabe que deveria. O que separa um campeão em vendas de um perdedor é a capacidade de perceber quando é imprescindível procurar clientes atuais ou prospectivos, tendo ou não vontade de fazer isso.

COMO ACONTECE O MEDO DE VENDER?

Quem sofre de medo de vender? Qualquer um! Às vezes, quando as coisas vão mal e você se sente "por baixo", é fácil se recolher a um canto, pensando ser a única pessoa no mundo a passar por momentos difíceis. Não se preocupe. Eu também já tive meus momentos de autopiedade e sei que algumas situações podem provocar o medo de vender. Eis alguns motivos que podem trazer o medo de vender.

UMA RECUSA OU A PERDA DE UM CLIENTE

Algo que favorece uma crise de medo de vender é a recusa ou a perda de um cliente. A recusa pode fazer com que você comece a praticar a autossabotagem, o que afeta a autoestima.

PROBLEMAS PESSOAIS OU FAMILIARES

Não os subestime. Embora muitos neguem o fato, os problemas pessoais ou familiares são frequentemente a causa principal do mau desempenho profissional, em especial no caso de vendas. Quando o indivíduo trabalha com horário fixo – de 9 às 17, por exemplo –, os colegas podem cobrir suas faltas, se necessário. Em vendas, porém, quando você está mal, o mundo todo vai mal e, se você está bem, o mundo todo vai bem. Ao surgirem problemas pessoais, enfrente-os de maneira profissional: procure aconselhamento.

O SUCESSO TAMBÉM PODE FAZER MAL

Parece estranho, mas o sucesso é um dos menos apontados, embora mais óbvios causadores do medo de vender, segundo aprendi em conversas individuais com grandes vendedores. Quando as coisas vão muito bem, a tendência *não* é pensar "vamos fazer mais". Ao contrário, muitos profissionais de vendas dizem: "Vamos tirar uma semana de folga para comemorar!" Na próxima vez em que você conseguir uma conta importante ou ultrapassar a sua meta de vendas, atenção – você vai estabelecer novas metas ou pensar em comemorar?

VERGONHA DE TRABALHAR COM VENDAS

Nunca encontrei um vendedor bem-sucedido que tivesse vergonha de seu trabalho, mas muitos que apresentam um desempenho mediano, sim, por não terem consciência da importância e do alcance de seu ofício. Eles ainda não perceberam a grandeza do setor onde atuam: um dos poucos onde cada um pode determinar o quanto vai fazer. Uma vez eu li que o trabalho do vendedor tanto pode ser o mais fácil e mais mal pago, quanto o mais árduo e mais bem pago. Qual das duas situações você prefere?

REJEIÇÃO POR TELEFONE

Pode-se pensar que ouvir um "não" ao telefone, dito por um desconhecido, seja mais fácil de aceitar do que ao vivo. Para muitos vendedores, porém, a rejeição por telefone traz uma série de problemas. Um deles é a ausência de sinais físicos indicativos do que o cliente está pensando. Na interação frente a frente, o vendedor consegue "ler" o outro, assim como o jogador de pôquer "vê" as cartas do adversário somente pelo olhar. Se você tem dificuldade em administrar objeções por telefone, procure melhorar a sua acuidade auditiva, observando como fazem os que se saem bem nesse tipo de abordagem. Assim, estará automaticamente melhorando o seu desempenho, pois, quanto mais confiante se mostrar ao telefone, mais visitas você marcará e mais vendas conseguirá fazer.

A SOLUÇÃO PARA O MEDO DE VENDER

Não existe uma solução específica para o problema do medo de vender, mas sim uma solução geral: manter a autoestima em alta. Se você tiver alguns insucessos, pense nos danos causados por pensamentos negativos. Aqui estão algumas sugestões para facilitar um pouco a administração dessa área tão difícil.

1. PROCURE OS CLIENTES QUE JÁ O CONHECEM E ESTÃO SATISFEITOS COM O SEU DESEMPENHO

Eles vão fazer você se lembrar do quanto é competente.

2. RELEIA AS CARTAS ELOGIOSAS ESCRITAS POR ANTIGOS CLIENTES

Você vai perceber o quanto se saiu bem no passado e projetar esse sucesso para o futuro.

3. DÊ UM TEMPO

Às vezes, o cansaço obriga a um período longe de telefonemas e visitas. Depois de um fim de semana – ou de uma semana inteira – de descanso, as forças voltarão.

4. SAIBA QUE É APENAS UMA FASE

Todo vendedor passa por isso. Não pense que só acontece com você, mas estabeleça uma data para retomar as suas atividades.

5. JUNTE-SE AOS BONS

Ficar horas em volta da máquina de café ou do bebedouro, contando e ouvindo histórias de insucessos, só serve para alongar a má fase. Em vez disso, pergunte a um dos vendedores bem-sucedidos se pode acompanhá-lo por um dia. O entusiasmo é contagioso, bem como o desânimo. Você decide!

6. PROCURE ACONSELHAMENTO

Sou um ferrenho defensor dos psicólogos e outros terapeutas, pois sei as maravilhas que operaram em mim e em muitos dos meus clientes. Alguns acreditam que somente quem tem problemas procura aconselhamento profissional. No entanto, nos maiores centros financeiros e comerciais do mundo inteiro, as pessoas fazem isso rotineiramente como um meio de suportar as pressões do dia a dia. Minha sugestão é: quer você atualmente tenha ou não problemas pessoais, financeiros e de relacionamento, procure um bom terapeuta, de forma que, quando passar por um período difícil, possa contar com alguém que lhe ofereça uma visão imparcial, confidencial e profissional. Você lhe toma 45 minutos e ele recebe por isso. Perfeito!

7. LEMBRE-SE DE QUE TODO VENDEDOR, EM ALGUM MOMENTO, PASSA POR UMA CRISE DE MEDO DE VENDER

O que faz de você uma pessoa bem-sucedida na profissão é saber como agir quando esse momento chegar.

Capítulo 29

MANOBRA MILITAR

> Sempre deixe uma rota de fuga para o inimigo, mas nunca para você.
>
> **Sun Tzu**

NESTE CAPÍTULO

- Concentre-se em conseguir a grande conta, mas cuide de pelo menos meia dúzia de outras. Assim, se a grande conta se concretizar, será maravilhoso, mas, se algo sair errado, você não ficará de mãos vazias.

Quando alguém me pergunta qual foi a grande lição que a carreira me ensinou, minha resposta é: "Aprendi a não colocar todos os ovos em uma só cesta." Toda vez que me afasto dessa lei dos negócios, dedicando todos os meus esforços a um só cliente, algo acontece para me lembrar da importância daquela lição e ouço novamente meu ditado preferido: "O professor chega quando o aluno está pronto."

VOCÊ TEM DE SE PREPARAR PARA TUDO

Dizem que os negócios são como a guerra e, depois de mais de 20 anos de carreira, sinto-me inclinado a concordar. Não quero dizer com isso que não gosto do meu trabalho – pelo contrário! –, mas algumas situações me fazem lembrar que se trata de um terreno perigoso às vezes. Veja alguns possíveis erros.

"QUANDO EU FECHAR ESTE NEGÓCIO, TUDO VAI FICAR MARAVILHOSO"

Eu também cometi esse erro. No passado, dedicava todos os esforços ao "grande negócio" e, quando não acontecia, continuava esperando que se concretizasse "a qualquer momento". Em vendas, o otimismo é indispensável, mas isso é diferente. Não digo que você deva desistir prematuramente de um grande negócio – seria loucura. O que estou dizendo é que você deve se concentrar em conseguir a grande conta, mas cuide de pelo menos meia dúzia de outras ao mesmo tempo. Assim, se a grande conta se concretizar, será maravilhoso, mas, se algo sair errado, você não ficará de mãos vazias.

Além disso, percebo que, quando trabalho com várias contas, a pressão é menor. Se você contar com apenas um negócio para colocar comida na mesa e pagar a escola das crianças no próximo ano, estará trabalhando sob enorme pressão – o que leva a um sentimento de carência que transparece nos telefonemas e nas apresentações. Com isso, o cliente pode se sentir intimidado e desistir.

"SE EU FORÇAR A VENDA, POSSO NÃO CONSEGUI-LA"

Esse é um dos maiores desafios para vendedores de qualquer setor. Forçar uma venda é um grande risco. A razão apresentada pela maioria dos vendedores que prefere não forçar é: "Acho que o cliente ainda não está pronto." É preciso avaliar se é esse o caso, no entanto, se você vem insistindo há tempos, e o cliente apresenta todo tipo de desculpa para adiar a decisão, é preciso encerrar a "novela" em nome da sua autoestima, da sua saúde e dos seus resultados.

E se você pressionar, e o cliente se aborrecer e desistir do negócio? Ou concluir que é melhor esperar até o ano seguinte? Eu sei que a situação é assustadora, porque passo por isso todo dia. Sei o quanto é frustrante se dedicar a uma conta ou a um cliente e não conseguir bons resultados. Por experiência própria, também sei que, se o cliente estiver mesmo interessado e você tiver feito todo o possível, ele vai expor suas objeções e pedir mais detalhes. O excesso de complicações significa que ele não quer o negócio: é hora de mover os seus esforços em outra direção.

PREFIRA VÁRIOS PEQUENOS NEGÓCIOS A UM GRANDE NEGÓCIO

É fácil se deixar seduzir por uma venda potencialmente importante que surge no horizonte, mas, como acabamos descobrindo, grandes negócios são eventos ocasionais. Os negócios que pagam as contas e mantêm você em atividade são aqueles pequenos e regulares. Gosto de lutar por grandes negócios, que acrescentam emoção ao meu trabalho, mas, se eu confiar somente em um deles e a negociação fracassar, estarei em sérios apuros. O que mantém as pessoas produzindo é o chamado "feijão com arroz". Pode não ser tão emocionante, mas tem a virtude de ser regular.

MANTENHA O EQUILÍBRIO ENTRE A VIDA PROFISSIONAL E A VIDA PESSOAL

Inúmeros clientes comentam, durante as sessões de consultoria, que jamais poderiam prever o impacto que sua excessiva dedicação ao trabalho teria sobre a vida pessoal e familiar. Somente quando atingem determinado estágio, percebem que estavam "colocando todos os ovos em uma só cesta", em um sentido diferente, é claro. Wallace, um dos meus clientes, comentou só ter percebido que havia algo errado quando um dos filhos adolescentes começou a se recusar a viajar com a família nos feriados de Páscoa e Natal. Wallace disse que foi um choque acordar certa manhã e descobrir que o filho mais velho já tinha 17 anos e preferia ir com os colegas às praias locais a acompanhar a família à casa de campo, em uma viagem de quatro horas.

Não é fácil conciliar a vida profissional com a vida particular, e sou tão culpado quanto qualquer outro de tentar conquistar o mundo em uma área e deixar outra de lado. Portanto não pense que consigo ter tudo. Não conheço quem consiga. Apenas alguns estão mais dispostos a tentar.

Parte 9

QUEDA NAS VENDAS

Capítulo 30

AS LIÇÕES APRENDIDAS NOS SEMINÁRIOS DE VENDAS PERMANECEM, SE VOCÊ QUISER!

> Viver é como andar de bicicleta. É preciso estar em movimento para não cair.
>
> **Claude Pepper**

NESTE CAPÍTULO

- A única diferença é que, a partir do seminário, Dawn passou a se concentrar nas novas metas e disse estar determinada a usar as ferramentas e técnicas que tinha aprendido.

Por causa da área em que atuo, tenho oportunidade de ouvir frequentemente: "Acabo esquecendo tudo o que aprendo nos seminários." O comentário se deve ao fato de o participante sair do seminário todo animado, para descobrir duas semanas depois que está de volta à estaca zero.

JAN ACORDOU

Jan, uma vendedora de equipamentos para escritório, comentou que isso acontecera com ela várias vezes, mas, em vez de procurar um meio de manter vivas as lições aprendidas, responsabilizava a empresa, o palestrante ou o próprio material. Veja o que ela contou.

"Foi uma determinada situação que me fez acordar. Dawn, uma funcionária recém-contratada, participou de um seminário de vendas, assim como eu e nossos colegas. Gostei das palestras e dei boas risadas, mas realmente não conseguia perceber em que aquilo tudo poderia melhorar meu desempenho. Saí achando que aquele fora mais um, de tantos seminários a que já assistira. No entanto, no fim do mês, todos levamos um susto ao descobrir que Dawn, a novata, tinha sido a primeira em vendas. A única diferença é que, a partir do seminário, Dawn passou a se concentrar nas novas metas e disse estar determinada a usar as ferramentas e técnicas que tinha aprendido.

Certo dia, peguei uma carona com Dawn e descobri que, enquanto dirigia, ela ouvia a fita com as palestras do seminário. Aquilo me fez ver que eu perdera o foco no trabalho e deixara de utilizar as ferramentas e técnicas que um dia me fizeram a primeira da equipe. Agora sei que o problema não estava no seminário em si, mas na minha atitude durante e depois dele."

COMO MANTER O ENTUSIASMO

Aqui estão algumas ideias que ouvi de gerentes e vendedores bem-sucedidos. Sei que vão ajudar você também.

COMPRE PILHAS DE CDS E FITAS DE AUTOAJUDA

Essa é uma excelente maneira de manter o foco nos sonhos e conservar o espírito ativo. Lee, um dos meus clientes, revelou-se impressionado com o impacto das fitas de autoajuda sobre sua disposição e seu sistema de crenças. "Nas minhas viagens de negócios pela Austrália e a outros países, comecei a sentir falta de alguma coisa. Eu estava tão acostumado às fitas e aos CDs que ouvia no carro que, ao viajar de avião, minha atitude se enfraquecia." Como se sabe, viajar pode ser uma experiência cansativa, por isso é preciso tomar providências para manter uma atitude equilibrada. Lee disse ainda: "Sei que a responsabilidade de manter o entusiasmo é minha. Por isso levo sempre comigo o discman e ouço os CDs de autoajuda durante o voo."

LEIA UM CAPÍTULO POR SEMANA DO SEU LIVRO FAVORITO DE VENDAS

Novamente, isso não é difícil. Você provavelmente guarda pilhas de livros e manuais distribuídos em seminários. Assim como você encontra tempo para praticar esporte ou assistir ao seu programa de televisão favorito, reserve tempo para ler um capítulo do seu livro favorito de vendas. Essa é uma tarefa simples, cujos resultados rápidos vão se traduzir em autoestima e melhor desempenho em vendas.

ANOTE AS SUAS METAS E AS LEIA DIARIAMENTE

Essa é uma das ferramentas mais eficazes. O poder da palavra escrita lida diariamente, duas vezes se possível, é enorme. Todos os indivíduos bem-sucedidos que conheço fazem isso. Deixe o papel em que estiverem anotadas as metas em local de fácil acesso – mas que não seja na porta da geladeira para serem lidas por todos os que passarem por lá.

PARTICIPE DE TODAS AS REUNIÕES DE VENDAS

Essa é uma das questões mais controversas entre as equipes de vendas no mundo todo. Elas perguntam para seus chefes: "Por que tenho de ficar lá durante duas horas, quando poderia estar vendendo?" ou "Eu estou vendendo bem. Essas reuniões são para quem vende pouco" – são os argumentos dos vendedores para não participar das reuniões. Embora sejam argumentos válidos, não traduzem a importância do trabalho em equipe. A carreira de vendedor pode ser muito solitária se você passa o dia todo na estrada. Portanto, quer apresente um bom desempenho ou não, mude a sua atitude em relação às reuniões de vendedores, procurando vê-las como oportunidades de aprendizagem e troca de experiências.

VENDA!

É como diz a Nike em seus comerciais: Just do it (Faça). Você pode assistir a todos os seminários do mundo e ler todos os livros publicados sobre o assunto, mas, se não sair em campo e vender, nada feito. Então, o que está esperando?

Capítulo 31

OS CAMPEÕES DE VENDAS TAMBÉM PASSAM POR PERÍODOS DIFÍCEIS

SÓ CONQUISTAM AQUELES QUE ACREDITAM.

Virgílio

NESTE CAPÍTULO

- A família e os amigos nos apoiam durante os períodos difíceis e talvez não sejam imparciais, mas o número de vendas semanais não mente e avisa quando é hora de retornar ao básico.

Sucesso em vendas – este livro é sobre isso. Mas mesmo os grandes campeões passam por períodos de estagnação. Em outros setores, as pessoas podem se dar ao luxo de ficar afastadas durante uma semana ou duas para recuperar o foco e a motivação – mas não no setor de vendas. Se eu perder o foco e o entusiasmo, meus negócios podem resistir por algum tempo, mas acabam cessando. Acredito que o seu caso não seja muito diferente.

A HORA DA QUEDA

Pelo que tenho observado, todo vendedor perde o foco às vezes – quase sempre por causa de problemas pessoais. Não me lembro de ter conhecido um só deles que estivesse vivendo, ao mesmo tempo, má fase profissional e boa fase pessoal. Como os resultados negativos aparecem mais prontamente no ambiente profissional, a tendência do indivíduo é responsabilizar essa área por sua insatisfação. Vamos reconhecer: a família e os amigos nos apoiam durante os períodos difíceis e talvez não sejam imparciais, mas o número de vendas semanais não mente e avisa quando é hora de retornar ao básico.

Aqui estão algumas sugestões para reverter rapidamente a queda nas vendas.

REVEJA OS TESTEMUNHOS POSITIVOS QUE RECEBEU

Durante as fases difíceis, gosto de lembrar o quanto sou bom no que faço. É então que releio cartas e mensagens de clientes e leitores. Esse é um recurso poderoso – um modo de afastar as dúvidas acerca da minha capacidade.

ESTABELEÇA NOVAS METAS

Uma queda nas vendas não acontece à toa. É o meio que o mercado tem de avisar que você não está atuando como deveria e que é hora de voltar ao básico. Um dos recursos básicos frequentemente negligenciado pelos profissionais de vendas bem-sucedidos é o hábito de reescrever as metas estabelecidas *depois* de um grande sucesso. Se você ainda não registrou por escrito as suas metas, pare agora de ler este livro e vá fazer isso. Se você *já* as escreveu, mas faz algum tempo que não dá uma olhada nelas, faça isso agora. Se precisarem de atualização, tudo bem. Mas assuma o compromisso de, a partir de hoje, ler as suas metas pelo menos uma vez por dia. As melhoras vão acontecer imediatamente.

PEGUE O TELEFONE E COMECE A PROCURAR NOVOS NEGÓCIOS

Alguns dizem que não se deve telefonar aos clientes quando se está em uma fase de pouco entusiasmo. Compreendo esse ponto de vista, mas, por outro lado, o que você teria a perder? Se *não* telefonar, a sua autoestima cairá ainda mais, assim como as vendas. Acredito que seja melhor esquecer os efeitos colaterais e se concentrar nas possibilidades. Marque alguns encontros e saia em campo. Ação e movimento dão a impressão de que as coisas estão acontecendo – e, quando você tem essa impressão, elas costumam acontecer realmente.

SAIA PARA UM BELO FIM DE SEMANA

Às vezes, contatos por telefone podem não ser a solução. Talvez você precise deixar tudo de lado e "fazer contato" com a piscina de um *resort*. Parece uma espécie de fuga? Não deixa de ser mesmo. Mas que mal há nisso? Um fim de semana à beira da piscina, na companhia de um bom livro (como *Você Pode!* – apenas sugerindo!), pode fazer de você uma nova pessoa, funcionando como a pausa para respirar, tão necessária de vez em quando.

MARQUE UMA HORA DE MASSAGEM E UM BANHO RELAXANTE

Gosto de massagens. E também gosto de ficar uma hora relaxando na banheira, mas a combinação dos dois é realmente sensacional! Quem já experimentou sabe. Sensacional!

APRENDA A DIZER "NÃO"

Aposto que você jamais havia encontrado tal sugestão em um livro que se propõe a desenvolver o seu potencial em vendas! No entanto, o "não" a que me refiro é aquele que pode fazer você subir. Durante uma fase de queda nas vendas, dizer "não" a clientes, colegas, parentes ou amigos que tomam demais o seu tempo pode ser exatamente o que é preciso. Em tempos difíceis, há que se estabelecer prioridades.

BIBLIOTECAS NÃO SÃO SÓ PARA INTELECTUAIS

Bibliotecas públicas são recursos excelentes. Onde mais você encontraria paz para circular entre tantos meios de despertar a imaginação? Todas as bibliotecas têm no acervo livros e artigos sobre vendas, que podem ser retirados para empréstimo a custo zero. Se a biblioteca pública mais próxima da sua casa costuma estar muito cheia, procure outra mais tranquila.

VÁ NAVEGAR NA INTERNET

Há muito o que se aprender na internet. Gosto de descobrir novas páginas e me perder naquele mundo por uma hora ou duas. Considero isso como um tempo bem empregado. Sempre saio menos estressado, renovado e passo a ver as coisas sob outra perspectiva.

CONSIDERAÇÕES FINAIS

Já perdi a conta de quantas vezes ouvi dizer: "Não sei o que estou fazendo, Paul, mas está dando certo. Deve haver algo diferente em mim." O que há de diferente é o carisma, uma aura positiva.

Já lhe aconteceu de acordar de manhã, depois de uma bela noite de sono, e ver tudo funcionar a contento? Você se enche de disposição para o trabalho. A água do banho está perfeita, a torrada, no ponto certo, e os semáforos, abertos.

Agora pense no que acontece quando acorda mal, e tudo parece dar errado. A água do banho está fria ou quente demais, a torrada muito queimada, todos os semáforos parecem se fechar para a sua passagem.

Acha que estou exagerando? Estou mesmo, mas nem tanto. Ninguém acorda bem ou mal por acaso. É tudo resultado dos seus pensamentos. Se você analisar as suas conversas interiores nos dias anteriores, vai perceber uma ligação direta com seu atual estado de espírito. Se você está se sentindo nas nuvens, isso é resultado do tipo de pensamentos que você tem tido.

Os seus pensamentos afetam o seu desempenho em vendas, embora muitos duvidem disso.

QUANDO VOCÊ AMA TUDO O QUE FAZ, OS OUTROS PASSAM A AMAR TAMBÉM

É isso mesmo o que você leu! O que você pensa realmente acerca de trabalhar com vendas? Como se apresenta nas festas e reuniões de família? Pode parecer uma visão simplista, mas, se você não se convence da importância do seu trabalho, como os outros vão acreditar? Se você não se respeita, como espera que os outros tenham respeito por você?

Um dos erros mais tolos que cometi no início da carreira foi tentar disfarçar meu meio de vida, usando os mais variados títulos. Na

Austrália da década de 80, havia uma boa dose de ceticismo em relação a palestrantes motivacionais, por causa do contínuo bombardeio das "brigadas bíblicas" norte-americanas.

Hoje sei que cometia um grande equívoco quando me apresentava como consultor de negócios, consultor de gerenciamento, conferencista, qualquer coisa, menos o que realmente era – um palestrante motivacional. Somente depois de muitas portas fechadas e telefones desligados ao tentar abordar um potencial cliente, percebi que algo estava errado.

Por mais que pensasse, não conseguia descobrir o que precisava mudar, até que, durante um jantar com um cliente, perguntei o que ele tinha falado ao me indicar a um de seus clientes.

"Tive a melhor das intenções, mas, quando me perguntaram o que você faz, eu não soube dizer", ele respondeu.

Foi então que me convenci de ter um problema. Se um dos clientes que mais confiavam em mim não se sentia seguro para recomendar meus serviços a seus conhecidos, que chance tinha eu de conseguir indicações de outros que não me conheciam tão bem? Enquanto nos preparávamos para deixar o restaurante, olhei para o meu cliente e disse: "De hoje em diante, sou um palestrante motivacional."

Depois que consegui esclarecer que tipo de trabalho eu fazia, meu cliente se sentiu mais à vontade para falar de mim. Atualmente, deixei de ter tal problema, já que sou apresentado como "um dos mais importantes autores e palestrantes motivacionais da Austrália". Não digo isso para me vangloriar (embora reconheça que possa parecer!), mas para mostrar a força do esclarecimento.

Quando você sabe o que você mesmo faz, os outros também ficam sabendo.

Cartão-
Resposta
9912208203/08 – DR/PR
EDITORA
FUNDAMENTO
CORREIOS

CARTÃO-RESPOSTA

NÃO É NECESSÁRIO SELAR

O Selo será pago pela Editora Fundamento Educacional Ltda.

"NÃO COLOCAR EM CAIXA DE COLETA
ENTREGAR NO GUICHÊ DE UMA AGÊNCIA DA ECT"

80240-240 – A/C EDITORA FUNDAMENTO